U0119552

台灣社會文化研究叢書 1

水庫與地方
創生治理研究

姚祥瑞　著

蘭臺出版社

序—水庫與地方問題探討

《水庫與地方創生治理研究》一書共分九章，嘗試將三個各自獨立的研究議題合而為一。

第一個議題：水資源治理-翡翠、石門及曾文。主要為研究國內前述蓄水量前三大水庫，翡翠隸屬臺北市政府，石門與曾文則隸屬經濟部水利署，三座水庫分屬地方與中央管理。經比較研究後，可發現中央與地方管理水庫，其治理面的思維不盡相同。從研究也可看出中央治理水庫，預算來源較為充沛，以水利署立場言之，專業似為首要考量，不願看到水庫治理厚此薄彼現象發生；然而以國內政黨政治環境觀之，當臺北市主政者與中央分屬不同政黨時，衍生的競爭關係，將使水利署堅持的專業受到考驗，政黨考量恐成不得已的選項。隨著翡翠水庫的日益老化，預算的需求只會愈來愈急迫。本研究以實際案例的數據，結合理論之分析探討，提出客觀的結論。

第二個議題：公共決策－大臺北管網改善。鄰近的香港於 2015 年 7 月，因飲用水鉛含量超標引爆風暴，同年 10 月，媒體接續報導發生臺北市的鉛管事件，讓人驚覺到埋在地下管線的重要性，2017 年 9 月，臺北市政府記者會宣布鉛管汰換完成，引人好奇的是鉛管汰換的推動是否為新市長2015 年上任後開始的？同時令人思索的是日本時代設置的管線，後續補製的藍圖準確度到底多少？本研究將以臺北自來水事業處（以下簡稱北水處）1998 年向行政院爭取預算為時間起點，並於關鍵的 2003 年首次有系統的提出汰換管線中程計畫、2006 年提出 20 年長程計畫及 2008 年鉛管汰換計畫等分別探討。將其管線改善後節水的成效及臺北市民關注的鉛管問題論述分析，讓讀者一窺臺北市政府歷任主政者推動重要施政情形，其中並對媒體就北水處首長偏頗報導有不同看法，供各位思考。

第三個議題：地方創生：馬祖建設。本議題主要研究連江縣（馬祖地區）的離島建設基金使用與地方創生的關聯性，以及其執行所碰到的問題。日本在地方創生的經驗，讓我們燃起師法日本振興地方發展的做法。馬祖以其擁有資源、所處環境及作者 2018 年八次進入馬祖地區實際參訪建設進度的評估角度觀察之。由於觀光已為馬祖發展的主軸，馬祖地區離觀光榮景雖還有段路要走，然而連江縣政府多年的努力不容小覷，未來，我們仍有諸多正面期待。

前述三項議題均曾於國內及境外陸續期刊個別發表，本著作整理時曾將各議題隨時間進展補充；其中水資源治理-

翡翠、石門及曾文部分，另補充相關業務機關首長的深入訪談，以增加研究的說服力。公共決策－大臺北管線改善部分，則強化鉛管的論述，地方創生：馬祖建設部分，則將2018年12月行政院核定的「地方創生國家戰略計畫」重點內容納入。三項議題均隨各議題內容，採取深入訪談方式，連同理論模式進行研究分析；最後整合為「水庫與地方創生治理」一書。謹此感謝銘傳大學社會科學院院長紀俊臣博士為本著作定名，使書名與內容貼切結合，本著作為探討政府推動公共事務現況，出版後可提供有司及後續研究參考。

姚祥瑞

謹至於臺北市立大學社會暨公共事務系

2019.3

目　次

自　序

第一章　緒論

第一節　創生治理議題緣由　14

第二節　研究方法、名詞界定與研究範圍　16

第三節　研究架構　19

第二章　地方創生治理理論建構

第一節　水庫跨域治理與發展建構　23

第二節　管網決策模式理論建構　28

第三節　我國地方創生課題建構　35

第三章　水資源治理 - 翡翠、石門及曾文

第一節　翡翠水庫治理　45

第二節　石門水庫治理　52

第三節　曾文水庫治理　58

第四節　跨域治理比較　65

第四章　公共決策 - 大臺北管網改善

第一節　管網議題與決策　72

第二節　鉛管汰換計畫制定與執行　77

第三節　決策者管網推動成效暨影響　81

第五章　地方創生 - 馬祖建設

第一節　連江縣離島建設基金建設類型　90
第二節　基礎建設部門執行現況　93
第三節　各建設部門執行情形　97

第六章　跨域治理模式與可能因素分析

第一節　深度訪談之運用分析　109
第二節　跨域治理模式之探討與比較　113
第三節　跨域治理可能因素之分析　118

第七章　管網決策因素之分析暨模式檢視

第一節　管網決策模式構面暨訪談途徑　125
第二節　管網改善決策標準與可能因素分析　129
第三節　管網改善決策模式理論檢視　147

第八章　地方創生因素檢視

第一節　訪談篩選與提綱設計　155
第二節　地方創生治理之因素分析　159

第九章　結論

第一節　研究發現　171
第二節　研究建議　178

圖 表 目 次

一、表目次

表 3-1　國內主要水庫設計容量及集水區面積　44
表 3-2　2007-2011 石門水庫集水區水源維護巡查成效　56
表 3-3　翡翠、石門、曾文等跨域治理比較　66
表 4-1　鉛管長度統計數量　81
表 5-1　連江縣 2017 年離島建設基金補助類型　91
表 5-2　2017 年連江縣符合地方創生核心類型離建基金建設案數　92
表 5-3　2017-2018 各建設部門執行情形　92
表 5-4　基礎建設部門執行情形　93
表 5-5　產業建設部門執行情形　97
表 5-6　教育建設部門執行情形　99
表 5-7　文化建設部門執行情形　101
表 5-8　交通建設部門執行情形　102
表 5-9　醫療建設部門執行情形　104
表 5-10　觀光建設部門執行情形　105
表 5-11　社會福利部門執行情形　106
表 5-12　天然災害防制及濫葬、濫墾、濫建之改善(殯葬建設)類型　107
表 6-1　翡翠、石門及曾文等三座水庫治理訪談對象　110
表 6-2　水土保持及水源維護等治理面向構面及訪談提綱設計　112
表 6-3　翡翠、石門、曾文等水庫治理模式比較　117
表 7-1　管網決策訪談對象　126

表 7-2　管網改善決策構面及訪談提綱　128
表 7-3　1995-2018 北水處決策者可能影響因素比較　146
表 8-1　連江縣訪談對象　156
表 8-2　決策構面及訪談提綱設計　158

二、圖目次

圖 1-1　研究架構圖　22
圖 2-1　公共議題的發生　34
圖 2-2　地方創生計畫概念圖　38
圖 2-3　地方創生推動戰略　42
圖 4-1　管網改善計畫決策前後汰換公里數比較　77
圖 4-2　汰換鉛管計畫決策後成果比較　84

第一章　緒論

治理一詞雖涵蓋民間資源，但政府並未完全置身於公共事務之外，且經多年的治理實證，「治理」已成為世界各國重塑社會功能的「政府再造」與「行政革新」時的最高指導原則。（Bellamy, 2011：78-92）（Grindle, 2004：525-548）地方創生則為地方發展治理的新模式，著重振興地方經濟政策，透過改善城鄉地區之文化藝術、生活美學環境，鼓勵地方政府以「設計翻轉 地方創生」計畫推動，注入創意設計能量，以打造地方的特色產業，此為行政院國家發展委員會（以下簡稱國發會）推動地方創生的重要內涵。[1]公共治理與地方創生雖多由政府推動，但都須結合民間團體投入，民間的參與可為二者不可缺少的元素，且談到地方創生發展，其先決條件亦須水資源充分供應，[2]與水資源息息相關的水庫治理，其成功與否即關乎水

---

[1] 國家發展委員會（2019），設計翻轉、地方創生，國家發展委員會推動「設計翻轉、地方創生」示範計畫，行政院國家發展委員會網站，取自：https://www.ndc.gov.tw/Content_List.aspx?n=4A000EF83D724A25. 2019.1.15 檢索。

[2] 總統蔡英文 2018 年 3 月 1 日於工商團體新春團拜表示，政府積極解決工商團體擔心的五缺困境-缺水、缺電、缺地、缺工、缺人才。缺水影響經濟及地方發

源量多寡，水庫治理與地方創生二者相輔相成，治理可謂為創生的主要手段，創生亦可謂為治理的最後目的，治理與創生可謂推動公共事務一體兩面的概念，關乎水庫治理成效的另一重要因素為下游面的管線改善，水利署為穩定南部地區供水，亦將管線汰換減漏等作為主要工作。[3]故而翡翠水庫下游供應大臺北地區的管線改善，成為本書另一項議題，水庫治理、管線改善及地方創生等三項議題即成為本書研究的主軸。

第一節 創生治理議題緣由

本著作嘗試以水庫治理、大臺北管網改善及馬祖地方建設作為本研究的三個主要議題，緣由如下：

壹、水庫創生概念的治理模式

水庫治理部分思考如何能讓水庫營運走出既有管理窠臼，以國內蓄容量最大的曾文、翡翠及石門等前三大水庫作為研究標的，此三座水庫在臺灣地區水源供應上扮演重要角色，翡翠水庫隸屬於臺北市政府翡翠水庫管理局（以下簡稱翡管局），屬於地方政府管轄；石門、曾文二水庫則隸屬於經濟部水利署北區水資源局（以下簡稱北水局）及南區水資源局（以下簡稱南水局），屬於中央政府層級，三座分屬不同層級的水

展，自由財經網站。取自：http://ec.ltn.com.tw/article/breakingnews/2353149. 2019.1.30 檢索。

[3] 經濟部水利署，問題評析，經濟部水利署網站，取自：http://sspw.wra.gov.tw/ct.asp?xItem=45206&ctNode=6944&comefrom=lp.2016.7.13 。2019.1.20 檢索。

庫治理模式為何？成為本研究動機所在，研究過程中將探討分析三座水庫的差異及優缺點，包括集水區治理比較等，並嘗試將水庫治理結合水與發展、水環境建設等的創生概念等，[4]期使後續水庫研究者有新的研究方向，同時做為相關機構治理之參考，此為本議題研究目的所在。

貳、大臺北管線漏水及鉛管問題的再檢驗

水庫治理屬於水資源的上游端，大臺北地區管網改善則屬下游端，2002 年發生北臺灣旱象缺水事件，影響範圍包括大臺北地區的臺北市、新北市（時為臺北縣）及桃園市（時為桃園縣），影響期間自 3 月 1 日起至 7 月 10 日止長達四個月餘，大臺北地區主要水源的翡翠水庫水位跌至歷年最低的 119.5 公尺，歷經 5 月 9 日至 12 日市政自來水及大戶用水減量供水、5 月 13 日至 6 月 16 日「供四停一」、6 月 17 日至 7 月 5 日「供六停一」等各階段供水。該次旱象除了衍生出臺北市與中央權力互動關係外，同時更加凸顯臺北自來水事業處（以下簡稱北水處）送水轄區管線老舊問題。

2015 年 10 月 19 日，媒體踢爆臺灣飲用水可能含鉛，全臺有 7 縣市 3.6 萬自來水鉛管戶，在北水處提供的北市 1.7 萬

---

4 行政院核定「加強水庫集水區保育治理計畫」，隸屬於「前瞻基礎建設計畫-水環境建設」之「水與發展」主軸項下，計畫內容為加強辦理全國 95 座水庫集水區內之保育治理，以減少水庫集水區土砂災害以及改善集水區水體水質兩大主軸。核定函並說明該計畫需評估執行期間與後續營運管理，帶動產業發展所創造就業機會及降低失業率之具體量化效益。參見：行政院 106.7.11 院臺經字 1060022839 號函。

鉛管戶分布路段清單內容，其中萬華區萬大路巷弄鉛管長達2.7 公里最長，永康街及饒河夜市等也上榜。前述不同事件發生，使供應大臺北民生用水的北水處，面臨民眾對管線漏水及鉛管問題的一再嚴苛檢驗；也促使本研究動機，藉由實務探討，輔以理論詮釋剖析，期能找出決策面向的解決之道，為本議題研究目的。

參、地方創生觀點之馬祖建設計畫

至於離島建設部分，主要為針對馬祖地區的離島建設基金補助的建設項目，作者於 2018 年 4 月至 11 月，實際參與連江縣建設執行成效的評估作業，每月均須進入馬祖地區了解情形，實際觀察當地計畫推動，激發筆者嘗試以「地方創生」觀點研究的動機。由於地方創生為行政院解決地方發展的新概念，尚屬摸索階段，期藉此研究，可做為離島建設、地方創生議題推動的參考。

第二節　研究方法、名詞界定與研究範圍

本研究三個議題，不同議題的研究方法能為本研究找出結果，方法不同會影響呈現的結果，名詞的概念若混淆不清，將毀損科學研究的價值，須加以釐清，以確定研究內容。了解本研究範圍則可明瞭經篩選的業務職掌屬性，聚焦於篩選的議題。

壹、研究方法

本研究採取包括文獻蒐集、比較及深度訪談等，其中比較法主要用於水庫治理及管網改善等二議題，前者將翡翠、石門

及曾文，三座水庫作比較分析，後者則著重前後主政者管網改善進展的比較。文獻分析主要在了解以往水庫治理、管網改善、馬祖建設等政府管理面的看法。深入訪談則能找出文獻以外的個人深入看法，尤其政府機關首長的論點，以補足文獻論點的不足，詳細說明如下：

一、文獻分析法

文獻分析法（literature review）為資料收集的「技術」（techniques），本研究則涵蓋以往水庫治理、管網改善及馬祖建設等議題探討的期刊、論文、專書、研究報告、政府新聞稿等，及政府出版品、市議會書面工作報告等蒐集分析，作為本研究之佐證。

二、比較研究法

比較研究法(comparative method)，也有人將之視為一種途徑（approach），而稱之為比較研究途徑。經由比較的差異存在，尋找其合理的解釋或發展新的研究問題。本研究法主要使用於水庫治理與管網改善等議題，經由治理比較，得出其治理相同性與差異性。

三、深度訪談法

深度訪談類型包含開放式訪談（the standardize open-ended interview）、訪談指引法（the interview guide approach）與非正式對話式訪談（the informal conversational interview）等三種。其中「非正式對話式訪談」及「標準化開放式訪談」二種，前者的結構鬆散及缺乏系統化，後者過於制式化，恐無法窺知議題全貌，本研究均不採取。至於「訪談指引法」特性則介於二者之間，過程中受訪者較能暢談，訪談者亦可視訪談情境增加訪談面向，或就原設計問題，更深入探討，可彌補前述二種訪談類型之不足。本研究將於訪談前先設計訪談提綱，並對主管之政府機關首長、主管人員、學術機構參與人員等共同合作者進行深度訪談（In-depth Interview）。

貳、名詞界定

「地方創生」一詞用意：依據「地方創生會報」提出人口、產業及全民參與等大方向的決定，具體內容並提及少子化、人口過度集中大城市、科技導入、企業投資故鄉、學研技術及知識支援、跨域整合、社會參與創生、中央地方合作等多項議題，其最終均能達成地方創生的「均衡台灣、生生不息、永續發展」的目標，其中跨域整合、社會參與創生、中央地方合作等三項議題同為水庫跨域治理的途徑，「地方創生」一詞，即將其涵蓋為水庫永續經營及其下游完善的基礎設施等概念，只有水資源基礎設施完善，達到水資源不虞匱乏之下，才能促進地方永續發展。

參、研究範圍

水資源治理研究範圍主要為翡翠、石門及曾文等三座國內蓄水量最大水庫，其合作造林、崩塌地處理及集水區聯合稽查等三項業務；前二項屬於水土保持類型，後一項則屬水源維護類型，其治理功能則與防止水庫淤積及水源汙染，以達成水庫永續經營有關；將以跨域治理觀點局限於前述三大水庫分析探討，將三座水庫的治理經驗做一比較，時間則橫跨各該水庫營運至今的期間。管網決策以大臺北地區的管網改善為研究範圍，時間則以 1998 年向行政院爭取預算起，經 2003 年北水處有系統的規劃管網改善計畫執行至 2018 年止為研究期間，並著墨於決策者的個人決策標準。地方創生主要以離島的連江縣執行接受行政院離島建設基金補助的第四期離島建設計畫為研究範圍，時間則為 2017-2018 年。

第三節　研究架構

本研究架構涵蓋三大部分：首先為水庫治理、管網改善及馬祖地區建設等三項議題歷程的探討。次為跨域治理、決策模式、地方創生等理論建構，第三部分則為模式、分析等，述之如下。

壹、議題歷程探討

包括水庫治理、管網改善及馬祖建設等三項議題，三項議題均與地方創生有關：

一、水庫治理

水資源為地方發展的基礎建設，國內水資源以水庫蓄水為主要來源，而影響水庫水量、水質及永續發展的水土保持與水源維護等二項業務，則為本研究探討主軸，並以翡翠、石門及曾文等國內三大主要水庫為探討標的。

二、管網改善

下游的管網改善成效影響上游的水庫治理，以大臺北地區（涵蓋臺北市及新北市）的管網改善情形及決策者主客觀影響因素作探討。

三、馬祖建設

以最近（2017-2018）的離島建設基金補助的建設計劃項目，結合地方創生核心價值的「地、產、人」作探討。

貳、理論建構

建構詮釋本研究的理論模式，涵蓋跨域治理、決策及地方創生核心價值等學說與定義：

一、跨域治理

包括互動、結構及政策等三項層面。其中互動層面，包括：公、私夥伴關係、跨組織合作關係及跨越轄區的合作關係等。結構面，則建構出中央與地方、地方政府間、政府機關與公民社會關係及政府機關與企業組織關係等四個面向的四種模式，以利治理模式分析。2017 年行政院法制化通過前瞻基礎建設特別條例據以施行，本研究設定的水土保持與水源維護的二項構面，即屬該計畫水庫集水區內保育治理的重點內容。

二、決策模式

包括 Lindblom 避免決策者產生重大錯誤所提出，又稱為漸進主義（incrementalism）決策的漸進決策途徑。James Anderson 提出的行政官員及民意代表做決策時常受到的價值觀（value）、政黨歸屬（political-party affiliation）、選區利益（constituency interests）、民意（public opinion）、服從（deference）及決策規則（decision rules）等六種標準的影響。

Cobb 和 Elder 對公共問題發生提出之概念，認為議題發起者與觸媒（triggering devices）二者交互作用結果。C.E.Van Horn 和 D.S.Van Meter 及 P.Sabatier 和 D.Mazmanian 等提出的執行人員意向與態度等。

三、地方創生的核心價值

「地方創生會報」提出人口、產業及全民參與等大方向的決定，具體內容則提及少子化、人口過度集中大城市、科技導入、跨域整合、企業投資故鄉、學研技術及知識支援、社會參與創生、中央地方合作等，行政院國發會並將「地方文化」、「在地產業」及「優質人力」等類型列為推動地方創生的價值核心。

參、模式及分析

本研究三項議題，水庫治理與管網改善部分，均屬地方發展需求水資源的基礎建設，連同馬祖接受離島建設基金補助的建設計畫均與地方創生有關，經整理文獻資料、篩選受訪人員、擬定受訪內容後，即進行及彙整訪談內容，再依循建構之跨域治理、公共決策及地方創生核心價值等理論，進行模式及可能因素分析，得出結論。

本研究架構如圖 1-1。

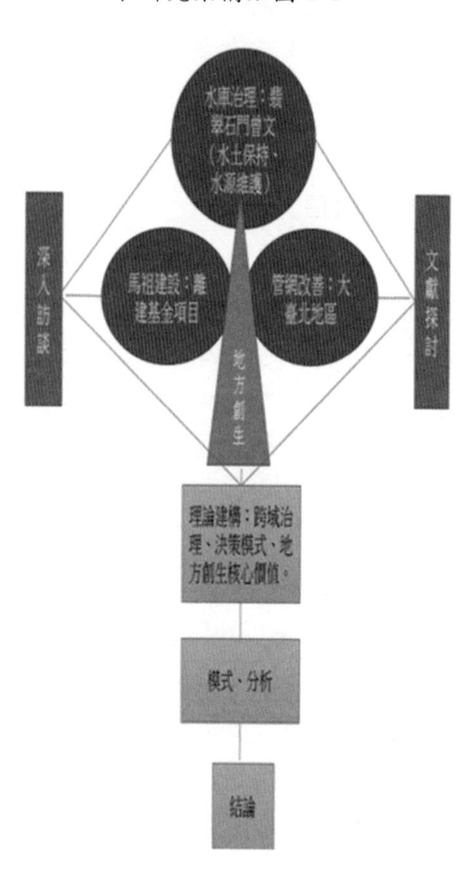

圖 1-1　研究架構圖
資料來源：本研究繪製

第二章　地方創生治理的理論建構

水庫治理與地方創生為相互影響的二個概念，治理與地方創生的部分特性相同，且水庫治理所達成「質」優「量」豐的水源供應目標，又為地方創生的先決條件，水庫治理成敗影響水資源供應，自是關乎地方發展，而地方創生概念亦可為水庫治理帶來新的經營契機，二者效果可謂相互牽連，以下就水庫跨域治理與發展、管網決策模式理論建構及我國地方創生課題等三部分建構本研究理論。

第一節　水庫跨域治理與發展建構

水庫集水區面積遼闊，治理常跨越不同行政轄區，加以機構人力、資源考量下，跨疆界、區域的跨域合作成為流域治理思考之趨勢。跨域治理已成為水庫治理研究的核心概念，本研究水庫治理部分即以此概念作為流域治理理論的基礎。以下即嘗試以學者的治理觀點，建構本研究跨域治理的互動及結構層面模式如下：

壹、互動面的跨域治理

互動面的跨域治理學說包括公共事務的處理趨勢，及跨轄區的合作關係等論述如下：

一、公共事務的處理趨勢

治理與政治系統的統治不同，統治屬於傳統式的政府治理，不包括政府以外的治理系統，而治理則包括政府機制，更同時強調非正式的、非政府的機制（Rosenau & Czempiel，1992：5）。治理雖非強調政府傳統威權統治，亦非完全置政府於公共事務之外，經多年的治理實證，「治理」已成為世界各國重塑社會功能的「政府再造」與「行政革新」時的最高指導原則。（Bellamy,2011：78-92）（Grindle, 2004：525-548）跨域治理強調跨疆界、跨政府部門的合作，由於政府面臨的公共事務環境日益複雜，並非單一政府機關所能處理，跨疆界、區域的跨域合作即成為思考趨勢。

（一）非屬契約關係的型態

前述跨域合作的趨勢涵蓋跨域治理的公、私夥伴關係（public-private partnerships）概念，此種較新的概念，主要源自於公共服務或政府業務委外（contracting out）的實務過程，學者 Grimshaw, Vincent & Willmott 等曾同時提出透過正式契約及非正式契約的跨組織合作關係，其認為此種關係非必然建立於契約關係上（2002：475-502）。此種非屬契約關係，因雙方理念追尋，屬於自發性的合作行動亦常發生。

（二）特定目的合作關係

除了公、私夥伴概念，Abramson &Rosenthal 則提出另一種跨組織合作關係（inter-organizational cooperation），與前述不同在於跨域治理中被探討的合作關係屬於特定的目的及清楚的結果（outcome）。當目的達成時，這些組織將終止合作關係或轉換為其他型式的組織，合作組織過程中因各自保有自主性（autonomous），故而該組織是屬於一群各自獨立的組織（1995：1479-1489）。

二、跨轄區的合作關係

國內學者針對前述互動面的跨域治理，另提出強調跨越轄區的合作關係（cooperation of jurisdiction）。此種合作與前提及之公、私關係不同，其涵蓋面不全然僅公與私的協力關係，而係包含公部門間；惟此種公部門間的互動，必須打破舊有本位主義、掌控地盤的思想藩籬，超越行政區劃的疆界隔閡，以同心協力攜手共進的思維來思考問題（李長晏，2004：55-65）。

貳、結構面的跨域治理

結構面的跨域治理涵蓋四個面向的結構關係，以及本研究建構的跨域的三個互動層面如下：

一、四個面向的結構關係

由於公共事務處理已非傳統單一機關所能完成，其合作包括：二個或二個以上的公部門間、私部門以及第三部門等類型。若以結構面觀之，其治理關係又可分為中央與地方、地方政府間、政府機關與公民社會關係及政府機關與企業組織關係等四個面向，前述的四個面向，較為特別的為後二種面向，述之如下：

（一）政府機關與公民社會關係

政府機關與公民社會關係面向又包括：公、私協力的合產機制與社區主義的治理模式，前者，即由政府與其他公民社會中的組織或團體，經由資源與資訊交換的網絡關係，形成公、私夥伴模式，基於功能互補的權力互賴，從而共同提供公共服務，達成「合產」的效果，以解決官僚制度面臨的困境；後者，針對公民對在地社區的參與，將治理模式朝向一個國家、市場、公民社會的多中心治理網络格局。

（二）政府機關與企業組織關係

此種政府機關與企業組織面向關係，主要強調政府將業務委外辦理類型，由政府與民間簽訂契約委託民間辦理，以契約明定雙方權利義務關係及監督考核機制。（李柏諭，2010：1-39）

此種政府機關與企業組織面向關係，主要強調政府將業務委外辦理類型，由政府與民間簽訂契約委託民間辦理，以契約明定雙方權利義務關係及監督考核機制。

二、建構跨域的三個互動層面

經由前述治理的互動及結構概念提出，在互動觀點部分，建構出本研究所需的水庫跨域治理的三個互動層面，包括公、私夥伴關係、跨組織合作關係及跨越轄區的合作關係等。至於結構面，則建構出中央與地方、地方政府間、政府機關與公民社會關係及政府機關與企業組織關係等四個面向的四種模式，以利本研究治理模式分析。

參、結合前瞻計畫的政策面

為改善國家基礎投資環境，加強國內投資動能，帶動經濟發展，行政院於 2017 年提出「前瞻基礎建設計畫」，並於同年 7 月通過前瞻基礎建設特別條例據以施行，該計畫亦包含水庫治理的政策面，具體規劃於於五大建設計畫的水環境建設計畫內，以因應氣候變遷為目標，又分為「水與發展」、「水與環境」、「水與安全」等三大主軸。依該計畫內容，涉及的中央單位包括經濟部（水利署）、行政院農業委員會（林務局、水土保持局）及環境保護署等跨部會組織，由於計畫推動涉及各地方政府所轄土地，故在土地資源上，本計畫各工程範圍所需用地，仍須賴直轄市、縣(市)政府負責取得，以利計畫推動。該計畫內容的水庫治理重點為集水區內之保育治理，主要以減少水庫集水區土砂災害以及改善集水區水體水質為兩大主軸，各該機關則依前述各水庫集水區保育實施計畫內容，期減少土砂產量，改善水源水質，穩定供水量。[1]故該計畫的預期成果，亦列入推動防災教育宣導或演練，落實減災避災措施，強化水環境監測及發展預警，減少生命財產損失，避免地方產業之衝

---

[1] 經濟部，前瞻基礎建設計畫-水環境建設 加強水庫集水區保育治理計畫核定本，計畫緣起，頁 1。2017. 7。行政院，重要政策 前瞻基礎建設計畫—水環境建設，2017.9.26，行政院網站。取自：https://www.ey.gov.tw/Page/5A8A0CB5B41DA11E/c776edfe-61bd-4f9e-9609-f1fb13919ad7. 2018.12.1 檢索。

擊。[2]該計畫水庫集水區內保育治理的重點內容，亦為本研究設定的水土保持與水源維護的二項構面。

第二節　管網決策模式理論建構

1970 年代 Charles E Lindblom 提出漸進決策模式，主張政府因維持社會穩定，較不願意有全面性的政策方案。在決策標準上 Anderson 則提出受限於主、客觀因素，各決策者會有其不同標準考量，而根據 Cobb 和 Elder 對公共問題的發生提出：決策者同時亦扮演著議題發起者（initiators）的角色，然促使決策者決策制定，則須有偶突發事件的發生；亦即議題的觸動（triggering devices）。Sabatier 和 Mazmanian 另提出執行人員的意向與態度等，為有效的政策執行條件之一，使前述漸進決策途徑、個人決策標準、議題觸動樞紐及執行人員意向與態度等的公共治理理論，形成本研究的決策模式理論建構。

壹、公共治理下的漸進決策途徑

美國耶魯大學教授 Lindblom 對決策者解決公共問題，認為新政策只是過去政策的某些漸進修正，其決策並不做大幅度的變動，只是從現有的政策或措施（the status quo）尋求漸進的代替性政策。其理念並非先列舉目標以評估滿足目標的政策，而是同時在眾多價值與政策之中進行選擇；（1959：82）亦即此決策並非創新的性質，而是具備漸進調適的特性，此種

[2] 同前瞻基礎建設計畫-水環境建設 加強水庫集水區保育治理計畫，預期效果及影響，頁 54。2017.7。

只進行漸進變化的特性。可避免決策者產生重大錯誤，其稱之為漸進主義（incrementalism）的決策。此種漸進主義決策由 Dunleavy 等人在「國家論」進一步闡釋了 Lindblom 的主要看法，包括：漸進主義主張所有的政策都是過去政策的調整、為避免遭致既得利益不滿，故而主張漸進方式的政策方案及漸進主義，可以具體展現在國家預算之中等。（1987：54-57）前述看法主要呈現漸進主義性質、提出原因及可經由具體展現的特點，經由 Lindblom 著作的剖析歸納，理出下列漸進決策模式的重點：（1979：144-148）

一、漸進性質[3]

任何決策都屬漸進性質，所有方案都是以往政策的調整，不必全面評估政策方案，只要著重於已經過實驗、明確的現存方案，對其進行小幅度改變具漸進性差異即可。

二、有限方案

政策方案選擇須顧及各方既得利益，為使政策方案順利，決策者只須考慮有限方案，此即為有限知性能力（Limited Intellectual Capacities）的假設，除各方既得利益的考量，尚受限於時間、智慧、金錢、情緒等種種限制，故而只能就有限問題提出有限方案。

三、人的知性有限

決策者受限於全知理性（limited intellectual capacities）的

[3] 標題由筆者加註。

規劃，無法有明確目標、完整資訊及認知能力來分析問題。政策方案即須考慮黨派互相調適（partisan mutual adjustment）問題，所有決策都是團體協商後果，對每個方案只須評估部分方案且重要的後果。

四、不斷修正決策

決策者受限條件，無法全知性的解決問題，必須一再重新的界定所面對的問題，不斷的修正決策，而非一次決策即能定案。

五、不斷面對問題

決策責任由各分析師分擔，決策過程斷裂、不連續，永無休止對所面對問題，透過不斷的分析與評估過程，提出指正。

六、補救性質

漸進決策為補救性質，減輕現行社會之瑕疵現象。人的知識和理性的侷限性，使決策者必須依賴社會互動，也就是黨派相互調適，來解決問題。然而決策仰賴社會互動之餘，需依賴分析的補助。運用思考分析，以確定自己在社會互動的過程中扮演的角色及說服其他人支持其所偏欲的政策。

貳、個人決策標準的建置

行政官員在做決策時，個人決策標準常受到主、客觀因素影響，Rourke 早期曾由三方面區別行政機關與立法機關決策；其中行政機關決策部分，則提出深受專業或科技等因素影響；（1976：127-139）而 James Anderson 則更深入的剖析行政官員及民意代表做決策時常受到價值觀（value）、政黨歸屬

（political-party affiliation）、選區利益（constituency interests）、民意（public opinion）、服從（deference）及決策規則（decision rules）等標準的影響。其中價值觀在與政策的前後關係面，亦為其他學者提及，Heath 認為價值觀是政策議題轉換為公共政策的重要因素，其變化過程便是事實、價值觀和政策等的三部曲。（1997）前述 Anderson 的決策六種標準說明如下：（2011：131-141）

一、價值觀

Anderson 的價值觀又包含以下五種

（一）機關組織價值觀（organizational values）

Anderson 認為機關組織為生存必須強化、擴充計畫，並維護其特權的價值觀，以機關組織立場言之是理所當然的。

（二）專業的價值觀（professional values）

各行各領域有其獨特的價值觀，受過該領域專業訓練的人員，在進入行政機關或立法機關後，其決策常受該等價值觀影響。

（三）個人的價值觀（personal values）

與專業價值觀不同在於決策者常受個人一套既有價值觀影響，此種價值觀多涉及私益，例如為保護或增進個人物質或財務上利益、聲望或權位。

（四）政策的價值觀（policy values）

相對於個人價值觀，Anderson 認為決策者有時也會依其對公共利益看法，判斷何者為正當必要及道德上正確的政策以作決定。

（五）意識型態的價值觀（ideological values）

決策者可能依其所持有的意識形態而做決策，例如各種主義。

二、政黨歸屬

對行政官員言，政治任命的行政官員可兌現選舉時政黨對選民的承諾，而對民意代表言，在忠於政黨的政治主張及政策方向前提下，多半影響著政策投票行為，雖然如此，政策議題本身仍是影響力大小的主因。

三、選區利益

行政官員雖非民選，亦常以選區利益作為政策制定參考；尤以具政治任命之人員多以前述為考量。至於民意代表將選區利益列為優先主張，則因選區的選民對其民意代表職務有最後決定之權。

四、民意

無論行政官員或民意代表，民意均為重要的決策標準；尤其是重大的廣泛性的政策走向，民意的看法常成為決策重要參考。其重要性，就在於與選票息息相關，使多數決策者必須以民意為依歸。

五、服從的標準

主要認為決策者會服從或順從其他人對政策方案的判斷

而做決定，而依 Anderson 的看法，決策者除受上級長官影響外，也會受民意代表影響而順從其建議。

六、決策規則

依 Anderson 看法，不同的決策者會採取不同的方式去簡化決策的過程，例如摸索法（rule of thumb）或試誤法（trial and error）。有些則採取較保守的「援引先例」，更多的情況是決策者會就案件本身（per case），即個案方式進行判斷，最後做出決定。

參、議題觸動樞紐的產生

根據 Cobb 和 Elder 對公共問題發生提出之概念，認為議題發起者與觸媒（triggering devices）二者交互作用結果，導致公共議題的產生；其中問題的觸動樞紐，則包含國內、外各種偶發事件：（Cobb，1983：85）此時期決策者即是公共議題發起者（initiators）。

一、國內公共議題觸動樞紐

涵蓋自然災害，如：旱災、意外人為事件或重大交通事故。

二、國外公共議題觸動樞紐

涵蓋國際科技改變、國際情勢變遷、衝突等。

以上觸動樞紐發生後，與議題發起者相互作用結果，依 Cobb 和 Elder 的概念，其關係可以圖 2-1 表示

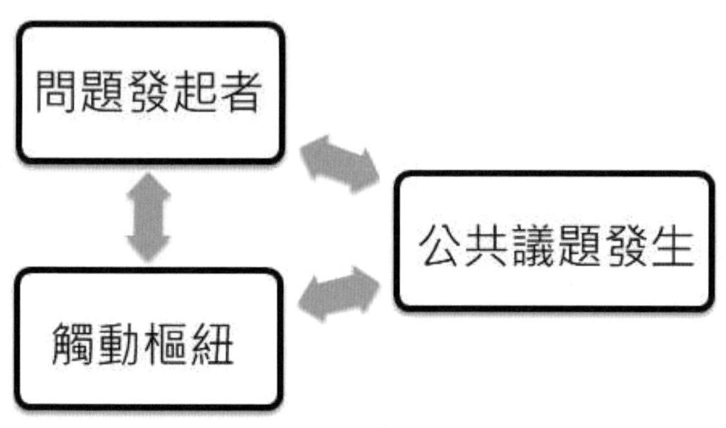

圖 2-1 公共議題的發生
資料來源：Cobb＆Elder,（1983：85）

肆、決策加上執行人員的配合

完善的政策與睿智決策，加上執行人員的配合，才能圓滿完成方案目標，其關鍵就在於決策者與執行人員的配合，執行人員的重要性可謂與決策者相同，故常為研究者所提及，析述如下：

一、執行人員角色

國外學者C.E.Van Horn 和D.S.Van Meter曾提出執行人員的重要性，在於執行人員實際執行每一事項時，會考慮其個別需要及權衡輕重，以做各種調適，且執行人員對方案標準的認知與瞭解、政策反映方向及強度，都會影響到其執行政策的能力或誠意。（1975：455）而 P.Sabatier 和 D.Mazmanian 則一再提出執行人員為重要資源以及有效的政策執行條件之一，仍在於將執行的責任賦予對政策目標熱衷並支持者的觀點。

（1979：488-489）國內學者則有將政策執行作為政策運作過程中最重要的一環，政策方案如不能有效的執行與落實，整個方案理想將告落空。（吳定，2005：229）亦有認為政策執行的良窳，關係政策內容的實現及政策衝擊的範圍；尤有甚者執行的結果有時與政策既定目標完全背道而馳，此即說明有效的執行與適時的督導，始能獲致政策之目標。（林水波，張世賢，1990：264）

二、決策者責任

要機關執行者有能力正確的執行，決策者仍須肩負重責，F.A.Nigro 認為決策者責無旁貸，決策者必須在方案上明晰的規劃概念、目的、計畫和執行的組織結構，且在執行者觀念上形成清晰印象，始能達成政策目標，否則有礙於政策執行。（1966：188）決策者如同掌舵者，決定政策的方向，也讓執行者依循。

第三節　我國地方創生課題建構

國內將「地方創生」概念溶入政策為 2016 年以後之事，主要為受日本政府推動成功之影響，「地方創生」雖由中央領頭推動，但其概念的成功關鍵仍在於地方政府，而地方創生的價值核心及地方創生推動策略，成為我國地方創生課題建構的主軸。

壹、地方創生的價值核心

政府開始重視地方創生為近年之事，雖有日本的經驗，但推動議題的緣由及具體的規劃、執行等，均處於邊做邊學的摸索階段，以下分就地方創生的緣起、永續經營的發展及地方創生的策略規劃等三部分論述。

一、地方創生的緣起

我國推動「地方創生」政策，主要為因應我國人口總量減少、高齡少子化以及鄉村發展失衡等問題，此與日本情形類似。國內重視地方創生，實際推動成為政策，時間點則起於2016 年，當時由國發會舉辦「推動『設計翻轉、地方創生』計畫說明會」，並陸續辦理二場論壇，鼓勵縣市政府積極參與推動相關計畫，當時並有十五縣配合提出申請建設補助經費。此後，行政院即自當年起陸續推動，透聚焦具永續經營潛力之產業項目，提出完整實施方案，並擇定特色鄉鎮辦理推廣。日本於 2014 年安倍晉三上任，正式提出「地方創生（意即振興地方經濟）」政策，起步較我國為早，由於我國地方發展面臨問題與日本相近，行政院即於 2017 年 12 月 21 日「育人覽才及移民政策專案會議」第三次會議決議，請國發會參考日本做法，進行系統性規劃。國發會依日本推動經驗，先從「設計力」角度切入，鼓勵地方政府推動「設計翻轉 地方創生」計畫，透過改善城鄉地區之文化藝術、生活美學環境，注入創意設計能量，以打造地方的特色產業。[4]

---

[4] 國發會，2018，「國發會訂於 107 年 9 月 14 日至 23 日舉辦 2018『設計翻轉 地方創生』計畫成果聯合特展」，新聞稿，2018.9.13。

二、永續經營的發展

依國發會觀點，「地方創生」是藉由地方自發性思考，由地方自行推動，即設計翻轉必須源自在地的「地、產、人」，建構在地永續經營發展的團隊，期待透過「設計翻轉，地方創生」計畫及循序漸進的作業流程，得以促使在地產業發展、提升地方文化、整合在地與旅外優質人力，或是展現地景美學以塑造地方的自明性。[5]亦即「地方文化」、「在地產業」及「優質人力」等類型為推動地方創生的價值核心。

三、地方創生的策略規劃

臺灣的基層，面臨的是整體經濟發展停滯、甚而退化的經濟動能不足及人口老化、少子化等社會經濟問題。國發會推動的「設計翻轉、地方創生」目的即為藉由各地原有「地、產、人」的特色資源，重新以「創意、創新、創業、創生」的策略規劃，開拓地方深具特色的產業資源，引導優質人才專業服務與回饋故鄉，以設計手法加值運用，帶動產業發展及地方文化提升。[6]亦即該計畫是藉由整合設計人力資源、盤點區域特色資產、媒合跨界合作平台及創生能量國際化等四項策略，協助

---

5 國發會，2017，「設計翻轉、地方創生」計畫規劃作業指引，頁 5。國發會網站，取自：
file:///C:/Users/User/Downloads/%E4%BD%9C%E6%A5%AD%E6%8C%87%E5%BC%95(sop)-%E8%BC%B8%E5%87%BA%E7%A2%BA%E8%AA%8D%E7%89%88%20(2).pdf. 2018.9.27 檢索。

6 國發會，設計翻轉、地方創生 國家發展委員會推動「設計翻轉、地方創生」示範計畫，政策背景說明。取自：
https://www.ndc.gov.tw/Content_List.aspx?n=4A000EF83D724A25.2018.9.25 檢索。

地方政府挖掘在地文化底蘊，形塑地方創生的產業策略所規劃的政策計畫。[7]設計翻轉地方，推動地方創生的概念如圖 2-2。

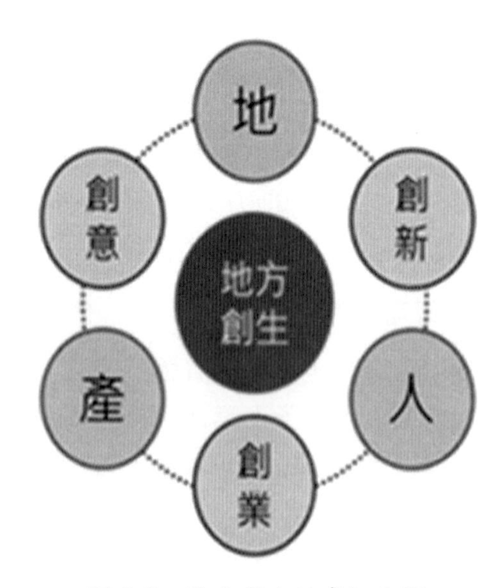

圖 2-2 地方創生計畫概念圖
資料來源：引自國發會推動「設計翻轉、地方創生」示範計畫，政策背景說明。

貳、地方創生執行策略

行政院推動地方創生概念，著眼於與日本地理距離、環境及面臨的社會問題相類似，繼而借鏡日本的經驗，帶動國內的推行，以下即就各階段推行情形及馬祖的地方創生概念論述如下：

[7] 同註 6，頁 15。

一、分階段辦理

國發會依據前述地方創生概念，具體推動以地方政府為主，設計翻轉地方創生的計畫，並分別於 2017 年 1.12 及 16 日於金門及屏東東港地區二個示範點辦理成果發表活動。後續推動做法，持續於 2018 年選擇一處縣市及一鄉鎮市區進行「地方創生計畫」示範規劃，研擬臺灣縣市及鄉鎮市區的地方創生計畫規劃作業指引，並規劃建置地方經濟社會分析資料庫，協助各級地方政府推動地方創生行動計畫，前述計畫推動，自 2019 年起，由國發會分階段協助各級地方政府辦理。[8]

二、具體方向及內容

國發會推動策略上，於 2018 年 5 月于行政院召開「地方創生會報」第一次會議中，提出人口、產業及全民參與等大方向的決定，具體內容則提及少子化、人口過度集中大城市、科技導入、跨域整合、企業投資故鄉、學研技術及知識支援、社會參與創生、中央地方合作推動地方創生等多項議題，其最終目的在於：促進島內移民及都市減壓，達成「均衡臺灣」的目標，期能緩和總人口減少及高齡少子化趨勢，並以 2030 年總生育率達 1.4 人，未來維持總人口數不低於 2000 萬人為願景。[9]

---

8 陳永昌，2018，國發會擬地方創生戰略計畫 建請政院推動，中央通訊社，2018.4.19。國發會網站，取自：
http://www.cna.com.tw/news/afe/201804190327-1.aspx

9 行政院國發會，2018，行政院召開「地方創生會報」第 1 次會議，新聞稿，2018.5.21。國發會網站，取自：
https://www.ndc.gov.tw/News_Content.aspx?n=114AAE178CD95D4C&s=0923C7F8671AA36C。2018.9.27 檢索。

三、地方創生戰略計畫的提出

地方創生戰略計畫為地方創生推動的最高指導原則，該計畫經過二次會議討論，始有計畫名稱及期程做法的產出，最後並經行政院定案，述之如下：

（一）計畫名稱及草案

行政院「地方創生會報」第一次會議的決定，即作為國發會推動地方創生的推動戰略，此項地方創生的戰略就定為「地方創生國家戰略計畫」。第二次會議則於 2018 年 11 月 30 日召開，由國發會具體提出「地方創生國家戰略計畫(草案)」，會中除確認計畫草案，並經行政院長指示地方創生戰略計畫符合「均衡台灣、生生不息、永續發展」的大方向，屬於國家安全戰略層級的國家政策。

（二）推動期程及列為重點工作

該計畫經二次會議討論後由行政院最後核定，[10]並於 2019 年全面啟動地方創生，初期將以 4 年為 1 期逐年推動，並以 2019 年至 2022 年為第 1 期，每年年底檢核地方創生事業推動狀況，滾動檢討各項資源及相關措施。此項地方創生的規劃並已列為國發會 2019 年全力推動的三大旗艦的重點工作之一，[11]

---

[10] 行政院 108 年 1 月 3 日院臺經字第 1070044997 號函核定。地方創生國家戰略計畫（核定本），2018.12。

[11] 行政院國發會，2019，「三大旗艦、五路齊發、發發發」國發會推動八大重點工作，新聞稿，2019.2.9。國發會網站，取自：https://www.ndc.gov.tw/News_Content.aspx?n=114AAE178CD95D4C&sms=DF717169EA26F1A3&s=7D8B1254401EFD6C. 2019.2.16 檢索。

以因應美中貿易糾紛影響全球經濟景氣、國內經濟成長動能趨緩、台灣日趨嚴重的高齡少子化、人口過度集中大都會與鄉村發展失衡等重大課題。[12]

（三）優先推動區域

該計畫列出地方創生優先推動地區依其資源特性及發展情形，可區分為下列三種類型：[13]

農山漁村：本類型共計有 62 處鄉鎮區，主要分布於中南部山區及沿海地區。

中介城鎮：本類型共計有 24 處鄉鎮區，屬介於都市與農山漁村(或原鄉)間之地方型生活及就學核心，主要零星分布於中南部都市邊緣。

原鄉：本類型共計 48 處鄉鎮區，均屬原住民族地區，占現有原住民族地區(55 處)近九成，主要分布於中央山脈及東部地區。

該計畫預計自 108 年起至 109 年止，分階段補助各級地方政府辦理地方創生計畫之規劃，並輔導地方政府之推動，依前述優先推動類型，金門、馬祖等離島並未列入優先推動地區。地方創生推動戰略如圖 2-3。

---

12 行政院國發會， 2019 年全面啟動地方創生，新聞稿，2018.11.30。國發會網站，取自：https://www.ndc.gov.tw/News_Content.aspx?n=114AAE178CD95D4C&s=80B346B1D2FDDD94. 2018.10.30 檢索。

13 同註 14，頁 3-4。

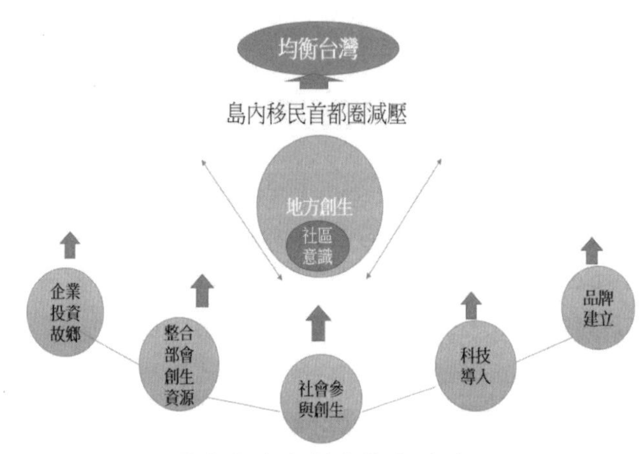

圖 2-3 地方創生推動戰略

資料來源:「行政院地方創生會報」第一次會議簡報，頁 13，2018.05.21

四、馬祖地區的地方創生概念

依據前述行政院地方創生計畫的推動，連江縣縣長劉增應則規畫未來將以島嶼創生為概念，包括以國際藝術島計畫、運動賽事、交通基礎建設與產官學合作等模式，吸引更多旅客前來觀光，並帶動在地產業發展，行銷馬祖。[14]連江縣府 2017-2018 年度在產業、教育、文化、交通、醫療、觀光、警政、社會福利、天然災害防制及濫葬、濫墾、濫建之改善（殯葬建設）等部門建設課題，即屬於未來整合島嶼資源，以推動地方創生，活絡在地經濟，提升島嶼競爭力之規劃基礎。

---

[14] 蔡玟君，2018，行銷馬祖連江縣長劉增應用「島嶼創生」帶動產業發展，ETtoday 新聞雲，取自：https://travel.ettoday.net/article/1213533.htm。 2018.7.23 檢索。

第三章　水資源治理 -翡翠、石門及曾文

臺灣由於地形因素，水資源取得主要仍以既有水庫的蓄水為主，目前臺灣水庫實際運轉，且有營運統計資料之公告水庫，計有 95 座；主要水庫則有 40 座。1最具規模的包括：北部地區的翡翠水庫及石門水庫，2以及南部地區的曾文水庫，此三座水庫總容量為 14 億 6352 萬立方公尺，占台灣地區水庫蓄水總容量 21 億 3,070 萬立方公尺的三分之二強，[3]供應人口超過 900 萬，亦占臺灣總人口 40%強；三座水庫亦成為臺灣

---

1 經濟部水利署（2015）。104 年蓄水設施水量營運統計報告（額外增補之報告），E4，經濟部水利署網站，取自：經濟部水利署各項用水統計資料庫 http://wuss.wra.gov.tw/annuals.aspx.2018.10.2 檢索。

2 翡翠水庫設計總容量 4.06 億立方公尺，為北部地區容量最大之水庫，國內僅次於設計總容量 7.48 億的曾文水庫。石門水庫設計總容量則為 3.09 億立方公尺，國內第三大水庫，經濟部水利署網站，取自：

http://www.wra.gov.tw/ct.asp?xItem=11775&ctNode=1945 及經濟部水利署北區水資源局網站，取自：

http://www.wranb.gov.tw/ct.asp?xItem=2573&ctNode=703&mp=5.2018.3.22 檢索。

3 經濟部水利署（2014）。經濟部水利署各項用水統計資料庫。同註 5。

水資源的主要來源，除此，三座水庫管理機構並非統一，翡翠水庫隸屬臺北市政府，石門與曾文隸屬經濟部水利署，水庫環境優美，各具特色，翡翠並未對外開放觀光，僅以總量管制受理來函參訪，屬於單一供水功能，石門與曾文則對外開放觀光，屬於多功能水庫，以中央主管機關角度觀之，對三座國內主要水庫有如下形容：

> 曾文、翡翠及石門等三座水庫可以做如是比，曾文水庫有著大山大水如同男人般壯闊，石門水庫的景緻有著楓葉紅、流蘇花如同秀麗般的女人，翡翠水庫則如同大台北地區珍藏的寶物…[4]

本章即以臺灣蓄水量前三大水庫的治理案例為研究之標的。前述翡翠、石門及曾文等三座水庫相關資料比較如表 3-1。

表 3-1 國內主要水庫設計容量及集水區面積

水庫名稱	設計總容量（萬立方公尺）	集水區面積（平方公里）	供應人口（萬）	型態	主管機關
翡翠	40,600	303	約 500	單一目標水庫，並附帶發電效益。	臺北市政府
石門	30,912	763.4	約 221	兼具觀光的多目標功能。	經濟部水利署
曾文	74,840	481	約 185	兼具觀光的多目標功能。	經濟部水利署

4 時任水利署副署長，現為水利署長。

資料來源：本研究整理。
取自：1.臺北市議會第 12 屆第 5 次定期大會翡管局工作報告，106.4。2.經濟部水利署網站。3.臺灣自來水公司 106 年統計年報。

第一節　翡翠水庫治理

翡翠水庫位於新北市山區，行政區跨越新店、坪林、深坑、石碇及雙溪等，攔蓄北勢溪並與南勢溪合併運轉，供應大臺北地區民眾五百萬人日常飲用水，於 1987 年 7 月完工營運，為單一用水目標功能。以下即以主要業務職掌、治理過程等二部分探討。

壹、 主要業務職掌

翡翠水庫管理機構的翡管局，主要業務依其業務職掌包括：

1.安全檢查：掌理大壩及附屬設施之安全管理與檢查，技術資料簿冊之建立、保管與更新，水庫及壩之安全評估，緊急措施計劃及大壩與附屬設施維護改善之計畫事項。
2.水庫操作：掌理水庫操作運轉，自來水原水之供應，翡翠電廠之營運，水文、水質、水庫淤積等資料之觀測、調查與分析及洪水期間與石門水庫聯合運轉事項。
3.經營管理：掌理水庫及水庫區之經營管理，各項設施之維護改善與工務行政及集水區治理之協調事項。

該執掌包括大壩上游水域及保護帶，其次是大壩上游的集水區，此主要區塊為中央與地方不同機構管理…

貳、 主要治理過程

翡翠水庫集水區治理，主要以防止崩塌地水土保持治理為主；又以集水區造林合作及集水區崩塌地整治合作為優先，再輔以聯合稽查，以達到淤積及水源汙染防治之功效：

一、合作造林

翡翠水庫集水區海拔 171 公尺以下為淹沒區，造林範圍則在淹沒區以上之集水區。其目的在於減低表土沖蝕，有助於水庫壽命、水源涵養。翡翠水庫最早的復舊造林是由臺北水源特定區管理委員會以逐年編列預算方式執行。至 2004 年止已完成復舊造林面積總計 1,173.6 公頃（含行政院環保署種 2,000 萬棵樹救臺灣水源活動種植 6 公頃以及臺北縣政府種植 10 公頃）。[5]

（一）跨機關初始合作：翡管局進行跨機關合作，始於集水區植物的病害。自 1995 年，因集水區的琉球松感染松材線蟲致整片枯萎死亡，而於 1995 年與農委會林務局進行跨機關合作。經由此合作，開啟合作造林的治理工作，翡管局與包括臺北縣政府（2010 年改制）、水源會（2002 年改制為臺北水源特定區管理局）、臺灣省林務局（1999 年改隸中央）與北水處等單位，自 1998 年度起至 2001 年度止，合作造林約 1,170 公頃。[6]

（二）第三部門參與：翡管局與第三部門的合作造林則始於

---

5 臺北水源特定區管理局（2005）。復舊造林。經濟部水利署臺北水源特定區管理局 93 年度工作年報，23。2005.9。

6 臺北翡翠水庫管理局（2001）。翡翠水庫 89 年刊，35。2001.5。

2007 年，與財團法人時報文教基金會合作，由該基金會補助經費合作治理，2009 年止施行集水區補植及割草撫育等工作，三年合計 63 公頃。[7]

（三）跨機關合作處理占墾：翡翠水庫集水區環境由於接鄰因素，會有占墾情形，經勘查發現翡翠水庫集水區位於新北市石碇國有土地二筆，面積 93.8 公頃遭人占用，翡管局自成立管理機關起，即自 2014 年 4 月起至 2016 年 5 月 30 日占用人返還土地達成調解止，分別與財政部國有財產署、新北市政府城鄉局、林務局、農業局、及北市府地政局等跨域、跨機關之協調合作，總計收回占用國有地 10.3 公頃，並分 3 年（2015-2017）編列預算執行復舊造林，2015 年完成 1.922 公頃之新植面積。[8]

二、崩塌地整治

歷年治理資料顯示，翡翠水庫集水區崩塌是水庫淤積的主要因素，而崩塌的主要原因仍與颱風密切相關。1996 年的賀伯颱風、1998 年的瑞伯颱風與 2001 年的納莉颱風侵襲事件，分別使當年度水庫淤積量高達 347.6 萬立方公尺、137.7 萬立

[7] 臺北水源特定區管理局（2005）。復舊造林。經濟部水利署臺北水源特定區管理局 93 年度工作年報，23。2005.9。臺北水源特定區管理局（2006）。復舊造林。經濟部水利署臺北水源特定區管理局 94 年度工作年報，15。2006.7。臺北水源特定區管理局（2007）。復舊造林。經濟部水利署臺北水源特定區管理局 95 年度工作年報，17。2007.7。臺北水源特定區管理局（2008）。復舊造林。經濟部水利署臺北水源特定區管理局 96 年度工作年報，17。2008.9。臺北水源特定區管理局（2009）。復舊造林。經濟部水利署臺北水源特定區管理局 97 年度工作年報，18。2009.9。臺北水源特定區管理局（2010）。復舊造林。經濟部水利署臺北水源特定區管理局 98 年度工作年報，18。2010.7。

[8] 臺北翡翠水庫管理局（2016）。媽祖林案大事記，翡翠水庫 104 年刊，20。2016.5。

方公尺與 135.4 萬立方公尺，均遠高於水庫設計年淤積量（當時推估北勢溪年淤積量為 113.6 萬立方公尺）；亦高於歷年淤積量，明顯減損水庫的蓄水容量。[9]

（一）與中央合作治理創舉：針對前述數次颱風的侵襲，影響集水區治理，加以土地涉及國有，翡管局自 2005 年起，與農委會林務局合作，共同整治水庫集水區內受颱風侵襲影響的崩坍地。自 2005 年起至 2008 年止，連續三年投入 8,500 萬元。翡管局則同時配合自 2006 年至 2008 年止，共計編列水保經費 5,400 萬元，與農委會林務局共同治理。[10]在當時與中央合作整治水庫崩塌地屬創新之舉，此種合作治理有效阻止土石近 50 萬立方公尺之崩落進入水庫。

（二）與水源局分工治理：翡翠水庫的水土保持，於 1985-2005 年期間，由臺北市政府所屬的翡管局編列經費，經濟部水利署所屬之水源局負責執行。此階段二單位合作至 2005 年止。至 2006 年 2 月，行政院經濟建設委員會第 1244 次委員會議決議，自 2006 年起改由經濟部負擔水源特定區水土保持經費，由經濟部編列預算同時執行，而自 1984 年的水源局前身時期，至 2013 年的 30 年運作期間，與翡翠水庫水土保持治理相關之工程，已完成 1600 餘處，[11]翡管局與水源局的分工治理，使翡翠水庫泥沙淤積量，僅為原預估量之三分之一，對翡翠水庫集水區的減淤成效助益甚大。及至 2017 年底止總淤積量約

---

9 臺北翡翠水庫管理局（2014）。防淤減淤有成　翡翠水庫不老－去年淤積量減至 33.2 萬立方公尺 再用百年以上沒問題，新聞稿，2014.3.3。

10 臺北翡翠水庫管理局（2009）。翡翠水庫 97 年刊，38。2009.3。

11 臺北水源特定區管理局（2013），護水 30 周年紀念專刊。34。2013.12。

為 2,626.3 萬立方公尺，約佔水庫初期總容量（4 億 600 萬立方公尺）之 6.47%，[12]顯示出集水區水土保育成效。

（三）新店溪上游流域由中央納入保育治理：2015 年 8 月由於受蘇迪勒颱風侵襲影響，與翡翠水庫水源合併運用的南勢溪集水區受創，使南勢溪原水濁度急遽飆升，超出北水處淨水場處理能力，造成台北地區停水災情。南勢溪雖非翡翠水庫水源，卻為下游大臺北地區優先使用水源，仍影響下游供水穩定及用水品質。行政院遂於 2016 年 1 月 26 日核定「新店溪上游流域保育治理及區域穩定供水綱要計畫」。此計畫推動重點係將翡翠水庫集水區納入，此對翡翠水庫未來治理更添保障。

三、聯合稽查

關係水源維護治理的集水區聯合稽查部分，於翡翠水庫興建期間，須及時處理與長期水源維護項目不少，包括：違規行為的聯合稽查、汙水下水道計畫、養豬戶拆遷及遊艇收購遊樂設施補償等，其中養豬戶拆遷部分，為早期維護水質潔淨的必要措施，對於圈養豬隻污染水源之處理，自 1986 至 1988 年，由北市府與中央合計編列經費 5,800 餘萬元，完成養豬戶拆遷補償。[13]集水區內遊艇則於 1981 年 7 月開始陸續收購至 1982 年 7 月止。[14]養豬戶拆遷與遊艇娛樂設施的收購，能有效減少

---

[12] 臺北翡翠水庫管理局（2017）。翡翠水庫 106 年刊，10。2017.6。

[13] 臺北翡翠水庫管理局（2015）。重要取水口以上集水區公告，臺北翡翠水庫管理局網站，取自：
http://www.feitsui.gov.taipei/ct.asp?xItem=72022777&ctNode=76600&mp=122011.
2017.3.20 檢索。

[14] 臺北翡翠水庫管理局（1988）。翡翠水庫興建大事記彙編，1988.5。

翡翠水庫日後污染源，對正式營運的翡翠水庫汙染源頭的防治甚具功效。翡翠水庫正式營運後，由於為單一目標提供民眾日常用水的功能，管理法律依據為「都市計畫法」；即以都市計畫手段管理非都市區，故而翡翠水庫集水區管理較其他水庫為嚴。

（一）集水區稽查會報成立：在都市計畫法依據下，集水區水源維護執行主要表現在集水區聯合稽查部分，自 2006 年起，成立翡翠水庫集水區稽查會報，治理機關包括翡管局、水源局、臺北縣政府（後改制新北市政府）環境保護局、農業局及民政局等，聯合稽查範圍包括：露營區、休閒農場等，結合縣（市）力量共同保護水庫水質。[15]

（二）聯合稽查強化做法：翡翠水庫集水區聯合稽查自 2011 年 3 月起以陸、海、空立體方式強化做法。主管機關水源局亦本於職權的推動執行水源維護，該項聯合稽查業務自 2007 年 3 月起至 2015 年 12 月止，長達九年的合作，包括協調會及現場勘查、舉報等；跨機關聯合巡查自 2012 年起，又由水源局基於維護『臺北水源特定區』水源潔淨之立場，主動與新北市政府農業局、環保局及翡管局等單位辦理坪林區養鹿場聯合巡查（每月 2 次）。自 2012 年 10 月 25 日起聯合巡查至 2017 年

---

[15] 臺北翡翠水庫管理局（2011）。議會書面工作報告。臺北市議會公報，87（2），572。

臺北翡翠水庫管理局（2006）。議會書面工作報告。臺北市議會公報，74（8），1429。

底止，實施後業者均能主動配合辦理，成效良好，[16]聯合巡查次數增加，巡查家數也增加，在加強汙染查緝、維護翡翠水庫水質方面，聯合巡查似已成為目前翡翠水庫治理重要的查緝方式。

翡翠水庫集水區的主管機關水源局，依都市計畫執行巡防查報，只要有礙水質、水量違規行為之巡防查報均屬於處理範圍，包括：新店溪、南勢溪、桶後溪沿線水域遊憩戲水民眾及釣魚行為等，配合執行此項工作則為保安警察的臺北水源局小隊，主要工作為協助水源局的查報、巡邏及維護人員安全。自 2004 年起至 2017 年止，共計執行濫墾取締 461 件，濫葬 26 件，採伐木竹、堆置土石、堆置廢棄物、擅闢道路等 151 件。[17]前述水源局與翡管局同時推動集水區水源維護工作的作法，前後於水源局及翡管局任局長的謝政道先生認為：

> 我在經濟部水利署及水源局工作時，就一直認為水庫上、下游是生命共同體，不論是水庫淤積預防、或是上游汙染控制，不可能只做好水庫水域或是保護帶區域就可以高枕無憂的，上游更是非常重要的，我現在掌管翡翠水庫，還是秉持著這個理念，翡管局與水源局兩個機關須共同合作才能治理好水庫，否則效益就會打折，在這個理念

[16] 臺北水源特定區管理局（2016）。臺北水源特定區管理局 104 年工作年報。18。2016.12。臺北翡翠水庫管理局（2017），翡翠水庫 105 年刊。15。2017.5。

[17] 數字取自臺北水源特定區管理局自 93 年起至 104 年（2004-2015）止之各年度工作報告違規處理統計部分。105（2016）年度資料則經水源局周局長協助，由該局以 E-mail 方式於 2017 年 10 月 13 日傳送取得 2016 年案件數資料。

下，我認為翡管局推動的工作，也是水源局要做的，即使翡管局列入優先或是主導推動，對水源局也同樣重要。[18]

第二節　石門水庫治理

石門水庫位於桃園市境，淡水河最大支流大漢溪上，行政區跨大溪、龍潭、復興三區，1964 年 6 月 14 日完工營運，其功能為灌溉、給水、發電、防洪及觀光，為北部地區多功能目標的大型水庫，主要供應新北市、桃園市及新竹縣湖口鄉之公共用水，以下即以主要業務職掌、治理過程等二部分探討。

壹、主要業務職掌

石門水庫隸屬於經濟部水利署北區水資源局，下設石門水庫管理中心（以下簡稱石管中心）直接管理水庫，並置主任一名。其主要業務職掌分別列於石管中心及北水局保育課：

石管中心：石門水庫運轉、水庫蓄水範圍使用管理、水文設施及警報系統維護檢查、水文觀測、觀光業務、環境綠美化、苗木培育等事項。

北水局保育課：水庫集水區治理、環境水源水質維護及保育、水污染防治等事項。

貳、主要治理過程

有關石門水庫治理，仍在合作造林、崩塌地整治及聯合查

---

18 受訪人為臺北翡翠水庫管理局長。

緝等業務，述之如下：

一、合作造林

石門水庫大規模有計畫造林主要以 2005 年為時間分界點，在 2005 年前屬於第一個期間，自 2001 年至 2005 年，由農委會林務局在集水區造林 237 公頃，[19]，第二個期間主要為艾利風災後，自 2006 年執行「石門水庫及其集水區整治計畫」，並依據同一年訂頒的「水庫集水區保育綱要」執行，指定由農委會林務局負責。[20]該項造林部分以復興、尖石等二鄉為主，總計執行至 2009 年止，三年累計完成造林 134.7369 公頃。[21]

二、崩塌地整治

石門水庫自完工後至今，集水區的崩塌地整治主要分成三個階段：[22]

（一）第一階段

主要為 1972 至 1991 年的第一個二十年治理計畫，該計畫緣自 1963 年 9 月「葛樂禮」風災致石門水庫集水區多處崩塌，水庫嚴重淤積。為有效治理崩塌的集水區，由中央及省屬各權

---

19 行政院農委會（2005）。石門水庫集水區農委會依據行政院分工原則積極治理，經濟部水利署網站，取自：
http://file.wra.gov.tw/public/Attachment/04291574161.2017.3.11 檢索。

20 詳如第三章第二節，貳、保育綱要具體措施依據。

21 經濟部水利署（2009）。石門水庫及其集水區整治計畫（95~98 年度）執行成果，經濟部水利署網站。取自：
http://file.wra.gov.tw/public/Attachment/04291574161.pdf.2017.1.10 檢索。

22 同註 2，172-174。

責機關，跨組織的規畫「石門水庫集水區治理二十年計畫」於1968年開始成形。並自1972年起分四期治理，迄1991年共投資約 11 億元，水庫年平均淤積量在治理後亦已降至 167.5萬立方公尺，僅為治理前平均淤積之42%。

（二）第二階段

第二階段則自1992年至2003年，屬於中央及省屬各權責機關跨組織性質的治理規劃，計畫內容包含：農路水土保持、崩塌地處理、防砂壩處理、溪流整治、道路水土保持、大型崩塌地個案調查研究、以及工程維護管理等等，經費約 16.8 億元，實際執行至 2004年3月，水庫年平均淤積量再降至137萬立方公尺。

（三）第三階段

第三階段則自 2004 年至 2015 年。此階段計畫原預定於2004年開始辦理，後因2004年艾利風災，致集水區部分地區嚴重崩塌，面積達265.1公頃以上，加以2001至2006年期間包括桃芝、納莉、海棠、瑪莎等颱風相繼來襲，連同艾利，引發集水區嚴重土砂災害，使原有第三階段計畫須分二期執行，至2015年，所需經費約25億元。

（四）風災影響平行計畫執行

前述第三階段計畫實施期間，受風災影響部分，改由2006-2017年執行的「石門水庫及其集水區整治計畫」接續平行辦理；執行單位為中央機關各部會與地方政府，並由經濟部成立「石門水庫及其集水區整治推動小組」，辦理計畫之審查、督導、管制考核、政策協調及研究發展與人才培訓等事項；另設置「工作小組」成員由中央各部會、地方政府及相關專家學者共同組成。

平行計畫實施期程原為 2006-2011 年，分二階段共編列 250 億元實施，執行期間配合實際需要多次滾動檢討修正，其後在經費不變下；又將執行期間修正至 2017 年，[23]參與機關分別為北水局及行政院農委會水土保持局、林務局、公務局以及縣府等共同治理。

該項計畫有關集水區整治保育崩塌地處理執行，遍及尖石及復興等二鄉，成效類型包括：護岸整治 1,159 公尺、坡面植生 36,776 平方公尺、土石籠或石籠 1,066 公尺、排水溝或導流溝 4,390 公尺、基礎補強 307.5 公尺及固床工座 1 座等成果。[24]

三、聯合稽查

石門水庫聯合稽查包括：與其他機關合作及公民團體等二部分執行如下：

（一）與其他機關合作

石門水庫水源維護，主要為遏止破壞水土、濫墾濫伐及隨意傾倒土石及垃圾等違規行為，自 2006 年至 2011 年與復興及尖石等二鄉公所合作，為有效率執行，北水局制定「水庫蓄水

23 經濟部水利署北區水資源局（2017）。石門水庫及其集水區整治計畫現階段執行成果，經濟部水利署北區水資源局網站，取自：
http://www.wranb.gov.tw/ct.asp?xItem=5924&ctNode=321&mp=5.2018.5.23 檢索。

24 經濟部水利署北區水資源局（2011）。北區水資源局 99 年度年報，96。2011.8。

範圍及保護帶加強管理巡查計畫」，涵蓋巡查執行計畫核定及巡查人員招募、講習等準備工作，實際巡查則自 2007 年 1 月開始。至 2011 年 12 月，執行涵蓋：濫倒垃圾、棄置土方、濫伐、擅自開墾、新增崩塌地、違規岸邊捕魚或垂釣、未經許可行駛船筏、違建及其他違規等項目。累積取締違規成效如下表 3-2[25]。

表 3-2　2007-2011 石門水庫集水區水源維護巡查成效

違規項目	濫倒垃圾	棄置土方	濫伐	擅自開墾	崩塌地	違規岸邊捕魚或垂釣	未經許可行駛船筏	違建及其他違規
件數	64	31	15	30	59	208	39	6
備註	累計巡查次數 5,959							

資料來源：本研究整理。

至於石門水庫蓄水範圍的執法，主要依據為「水利法」、「水庫蓄水範圍使用管理辦法」及「石門水庫蓄水範圍違規事件處理程序表」等，合作機關為內政部警政署保安警察總隊。[26]北水局在前述法規依據下與保警總隊負起蓄水範圍水域巡查工作。2015 年度石門水庫蓄水範圍合計查獲違規事件 21 件（違規勸導 6 件，水利法裁罰 15 件）；其中違規釣魚 17 件，戲水

25 經濟部水利署北區水資源局（2012）。北區水資源局 100 年度年報，2-9,2-10。2012.10。

26 2009 年合作機關為保五總隊，2016 年為保七總隊。

1 件，使用未經申請許可之船筏 3 件。[27]

（二）納入公民團體執行

石門水庫在水源維護面，除與其他公部門合作；亦加入當地學校教師、村里長或部落（社區）居民、及屬於第三部門性質的民間團體等。具體作法為 2012 年成立巡守志工隊，經由北水局完成教育訓練後投入各區域巡守行列，依不同區域成立有玉峰、中壢、百吉、雪霧鬧、樂山等中隊，執行事項涵蓋崩塌地提報、違規釣魚、公廁、清掃及周邊垃圾撿拾、竹林雜枝物堵塞、水溝整地種植墾地及違建濫墾等情事之舉報處理等。結合在地居民加入保育巡守志工行列，至 2015 年為止，志工人數已達 99 人。[28]此種納入公民團體共同治理的特點，時任北水局長的黃宏蒲先生認為：

> 石門水庫集水區的治理，有個很特別的地方，上游工程在規劃時，除原有考量外，也會參考採納外面的意見，包括：環保團體、學者專家還有在地民眾等，都會讓他們參與，而且都會有固定勘查及會議機制讓他們提出意見。[29]

---

27 經濟部水利署北區水資源局（2016）。北區水資源局 104 年工作年報。10-12。2016.12。

28 同註 51，7-9,7-10。

29 時任北水局長，現為水利署主任秘書。

第三節　曾文水庫治理

曾文水庫位於嘉義縣大埔鄉，水源取自曾文溪，於 1973 年 10 月完工營運，以灌溉、給水、發電、防洪及觀光等為主，屬於多目標功能水庫，嘉南地區及高雄少部分地區，每日約需 121 萬噸，主要由曾文水庫供應，隨著工業區持續開發及都會發展趨勢，評估未來用水仍會持續成長。[30]以下就主管曾文水庫之主要業務職掌及治理過程探討之。

壹、主要業務職掌

曾文水庫興建完成於 1973 年 10 月，1974 年 1 月成立曾文水庫管理局營運，後於 1998 年與水利局南部水資源開發工程處及阿公店水庫管理委員會合併成立台灣南區水資源局，1999 年則改隸為經濟部水利處南區水資源局，2002 年再經組織修編為「經濟部水利署南區水資源局」。[31]曾文水庫隸屬南區水資源局，局下轄曾文水庫管理中心，其主要職掌如下

曾文水庫管理中心：集水區範圍水質污染管制及管理、水庫淤積測量、調查與清淤作業、水庫蓄水範圍之保育與管理。

南區水資源局養護課：水庫集水區保育實施計畫及水質水量保護區等業務、蓄水範圍水資源污染處理及防治、水庫蓄水範圍申請事項規定審查及違法案件處理。

30　經濟部臺灣自來水公司 106（2017）年統計年報，壹、出水，表 1 現有水源與供水區域，台灣自來水公司網站，取自：
https://www.water.gov.tw/ct.aspx?xItem=257332&ctNode=4521&mp=1. 2018.4.20 檢索.

31　南區水資源局（2017），機關沿革，經濟部水利署南區水資源局網站，取自：
http://www.wrasb.gov.tw/organ/organ04.aspx?no=335&pno=2018.3.11 檢索。

貳、主要治理過程

曾文水庫集水區淤泥主要來源有三：一是來自崩坍地，二是來自開發地，第三則是來自覆蓋不良應予造林地。[32]合作造林及崩塌地整治成為重要業務。

一、合作造林

曾文水庫早期造林始於 1967 年與大壩興建同時進行的三期治理階段，其內容為楓香造林，位於橫坡步道，當時規模不大。較具規模造林始於 1997 年，當時於嘉義農場分二期實施的造林計畫，面積 84 公頃，合作機關分別為臺東林管處、中華紙漿及造林協會，負責植栽苗木，第一期新植造林面積 50 公頃，第二期 34 公頃；種植樹種為桃花心木 35%，光臘樹 65%。經多年撫育、補植及自行檢測成果，每一標準檢測地，均達成活率 70%以上。2011 年，曾文水庫特定區計畫（第三次通盤檢討）案，則以集中整區造林方式，將臺 3 號省道 349 至 351 公里間之 31 筆土地集中造林，並經 2011 年 3 月 29 日，內政部都市計畫委員會第 752 次會議審議通過後執行。本次造林除跨組織的嘉義縣政府、台南市政府等地方政府外，為讓公民或其他團體能對造林表達意見，過程中亦列入公民團體的陳情意見做為執行參考。[33]

32 臺灣省曾文水庫管理局局誌（1996），臺灣省曾文水庫管理局。107。1996.5。

33 嘉義縣政府、台南市政府「變更曾文水庫特定區計畫（第三次通盤檢討）（再公開展覽）書」。1。2011。

二、崩塌地整治

曾文水庫集水區的土地型態包括：國有林班地，占75.13%，由林務局主管，公有山坡地，占6.87%，由國有財產局及嘉義縣政府主管；山地保育地，占 12.34%，由縣政府與阿里山鄉公所主管，餘為私人地及淹沒區。[34]在其集水區保育治理的角色上，涵蓋不同層級政府組織，與鄰近各縣市政府等，亦包括了農田水利會等非政府部門共同推動執行。同時集水區內也涵蓋三個都市計畫區，包括 1972 年 11 月即發布的大埔都市計畫及曾文水庫特定區計畫，此由臺南縣政府及嘉義縣政府分別於 1978 年 1 月發布，阿里山(達邦地區)都市計畫則於 1982 年 4 月發布。[35]

（一）曾文水庫的四期治理

曾文水庫集水區治理工作較為特殊，自 1967 年興建同時即開始分期執行，至 1991 年 6 月完成三期工作。崩坍地處理為首期治理重點，當時委請臺灣省山地農牧局代辦。第二期治理重點為興建防砂壩，第三期則為整治溪流，最後治理崩坍地成效有 61 處，防砂壩 21 座。第四期整治期間為 1992 年至 2001 年，其中 1992 年至 1997 年並已奉核定列入國家建設六年計劃內，項目包括：溪流整治、崩坍地處理、道路水土保持、宜農地水土保持、山坡地保育及林業經營等，經費高達 8 億五千萬

34 曾文水庫集水區治理」，經濟部水利署官網，取自：http://www.wra.gov.tw/ct.asp?xItem=13756&ctNode=1963.2018.5.3 檢索。

35 曾文南化烏山頭水庫集水區土地合理利用規劃實施計畫」，內政部營建署。6。2011。

元。曾文水庫自 1967 年規劃起至 2001 止的四期治理，無論是崩坍地、溪流及道路水土保持等均達一定效果。依據曾文水庫淤積狀況顯示，自 1973 年開始蓄水至 1992 年 12 月止，平均年淤積量為 393.2 萬立方公尺，為計畫預估年淤積量 561 萬立方公尺的 68%，治理工作確有相當成效。[36]

（二）莫拉克風災重創治理

前述四期治理工作，抵擋不住 2009 年侵襲南台灣造成南台各水庫災損最嚴重的莫拉克風災，曾文水庫亦無法倖免，水土保持治理成為曾文水庫歷年規模最大的治理工作，2009 年南部曾文、南化及烏山頭等水庫，因莫拉克颱風災情重創，立法院於 2010 年通過「曾文南化烏山頭水庫治理及穩定南部地區供水特別條例」，並訂定「曾文南化烏山頭水庫治理及穩定南部地區供水計畫」。此項計畫與以往計畫不同在於治理決策考量利害關係人之參與及需求。此項屬於曾文水庫水土保持治理執行期間自 2012 年至 2015 年。由於莫拉克風災重創曾文水庫，淤積量高達 9,108 萬立方公尺，相當於曾文水庫近二十年淤積量的總和。[37]

（三）六年更新計畫

為解決風災困境，立法院制定該條例，並於 2010 年 5 月 12 日總統公布施行，自公布日起施行六年。經濟部依該條例第三條，研擬「曾文南化烏山頭水庫治理及穩定南部地區供水

---

36 曾文水庫竣工二十周年紀念專輯」，臺灣省曾文水庫管理局，28-32。1993.9。

37 經濟部水利署南區水資源局，曾文水庫 40 周年紀念專刊。112。2013.10。

計畫」，總經費計 540 億元，子項目包括：水庫集水區保育治理 122.04 億元、水庫更新改善及淤積處理 190.51 億元、調度及備援系統提升 50.14 億元及新水源開發 177.31 億元等。[38]

這項長達六年地更新工作，由於涵蓋曾文水庫集水區範圍，管理機關除南水局外，並涉及行政院農委會水土保持局及林務局，以及交通部公路總局等機關。除前述中央其他機關外，主管的水利署南區水資源局治理項目則包括：

1.工程部分：「曾文水庫靜水池至曾文五號橋河道右岸邊坡治理工程」、「曾文水庫環湖道路上邊坡植生及修護工程」、「曾文水庫蓄水湖域保護帶治理工程」、「曾文水庫洩洪河道治理工程」、「2011 年度曾文水庫落水池邊坡復建工程」、「2011 年度曾文水庫湖域保護帶治理工程（第二期）」等 6 件。

2.疏通疏濬部分：曾文水庫上游草蘭溪、山美段及達邦橋等河道疏通案及曾文水庫上游大埔壩疏濬。

3.其他機關部分則包括：

(1)行政院農委會水土保持局辦理曾文、南化及烏山頭水庫土砂防治、野溪清疏及崩塌地整治工程。

(2)行政院農業委員會林務局辦理曾文、南化及烏山頭水庫野溪整治、崩塌地整治及植生工程。

---

38 經濟部水利署，「計畫緣起」及「經費」，曾文南化烏山頭水庫治理及穩定南部地區供水計畫宣導網站，取自：
http://sspw.wra.gov.tw/lp.asp?ctNode=6944&CtUnit=1443&BaseDSD=7。2018.6.20 檢索。

(3)交通部公路總局省道及代養縣道道路水土保持維護。[39]

其次，在集水區治理上，曾文水庫採取公民參與方式，主要為過去進行受災集水區治理規劃或重大公共工程建設時，往往由政府單位主導規劃設計及後續的推動執行，雖然可以達到治理目標，卻常難以符合當地居民真正需求，也就難以喚起民眾共同維護的責任。

（四）擴大公民參與

近年來，民眾對重大公共工程建設計畫進行之關注程度日漸提高，治理決策也需考量利害關係人之參與及需求。除將成果資訊公開，且就曾文水庫治理重要議題，綜合整理政府、主要用水人、國內外專家學者及國內在地民眾、相關 NGO 等團體意見，達成公、私部門透明協商協同合作之目標。[40]自 2012 年起即訂定有 2012-2013 曾文水庫治理擴大社會參與、2014 公民參與曾文水庫經營管理推動計畫及 2015 公民參與曾文水庫經營管理推動計畫等。

三、聯合稽查

曾文水庫負有嘉南平原灌溉、民生用水供給之責，因而水質不容汙染，然該水庫自營運以來，汙染源雖有農業、觀光休

---

39 曾文水庫生態知識環境教育平台，保育治理項目。南水局網站，取自：http://210.69.129.209/Detail/function3_1?aid=57dd9c069f45455fafe58622cbeddcb2.2018.1.20 檢索。

40 101 及 102 曾文水庫治理擴大社會參與，計畫目標，南水局網站，取自：http://www.wrasb.gov.tw/people/TsengMangaerplan1.aspx?no=14。2018.1.10 檢索。

憩活動及大量家禽畜排泄物等三方面；[41]但民間業者在庫區內私自經營非法釣魚平台行為，形成水庫汙染的嚴重威脅，成為取締重點。南水局聯合取締汙染水源工作自 1999 年開始，由南水局主導，會同嘉義地檢署、保安警察總隊第六隊及在地的警分局，展開取締工作，成功拖吊為數眾多的非法釣魚平台；同時勸導遊客不要在水庫釣魚。[42]以民間團體眼光觀之：「南區水資源局在 90 年代後，為嚴格管制曾文水庫集水區的環境衛生、與嘉南平原的用水品質，下令將所有私筏業者全面禁絕；…筏釣業者無法一如過去…當地居民多數只能另謀他業、或者像年輕一代選擇離鄉打拼。[43]」此可看出取締筏釣的執行成效。除外，針對水庫安全及預防水質人為汙染，保安警察總隊第六隊亦定期在庫區執行巡邏及臨檢勤務。

公民或公民團體在前述參與過程中，亦常與主管機關意見不同情形，看似違和，仍屬正常現象…

> 民間團體或個人提出不同治理意見是很正常的情形，不同的切入點，就算提出來的意見不正確，我們也會以同理心的心情給予尊重，我們會分析不可行的因素，內部會再做檢討。針對專家提的意見我們也會就可行性作分析，例如，哪些設施要改才安全、或是從生態角度建議一些友善

41　曾文水庫水污染防治簡報(污染物的來源)」，經濟部水利署網站，取自：http://www.wra.gov.tw/ct.asp?xItem=13758&ctNode=1963.2018.2.1 檢索。

42　經濟部水利署南區水資源局，曾文水庫 40 周年紀念專刊。75。2013.10。

43　曾文溪流域共學社團，「兩度起落 嘉義大埔人眼中的曾文水庫」，台灣環境資訊學會-環境資訊中心，取自：http://e-info.org.tw/node/118000。2018.1.10 檢索。

> 環境的案子、抑或是哪裡要加路燈等等，若未被我們採納，處理上會特別謹慎，遇到這種不採納情形，為了化解歧見，我們會去拜訪或請其來商談，我們覺得專業是可以論證的，若仍不接受，我們會與專家、環保團體或有經驗的人士幫忙溝通，若仍有問題，最後會請水利署出面協調整合。[44]

曾文水庫集水區全部位居嘉義縣境內，如今，曾文水庫迭經多次洪水風災肆略，水庫治理工作亦經多次考驗，除仍能充分利用並調節曾文溪之水資源，亦達到改善與擴充嘉南地區耕地灌溉之目的，並兼具供水、發電、防洪、觀光等功能，維持其多元水庫的特性。

第四節　跨域治理比較

經由前述國內三座主要水庫在水土保持、水源維護等構面推動過程之探討，翡翠、石門及曾文分別肩負各該區域的供水功能，石門及曾文更是具有灌溉及觀光的多元性，以下就主要水庫環境及預算差異及經費受限及政治環境的困窘等做一比較整理。

壹、主要水庫環境及預算差異

三座主要水庫業務類型雖均為水土保持（合作造林）、水

[44] 時任經濟部水利署南區水資源局長。

土保持（崩塌地處理）及水源維護，但仍可比較出翡翠、石門及曾文等三座水庫的差異處如下：

一、特定區劃分的相異

三座水庫主管機關有所差異，不同處為翡翠水庫部分，翡翠水庫集水區另由中央設臺北水源特定區管理局專責負責，與石門、曾文等僅設水庫管理機構不同，也是全國水庫管理的特例。

二、經費來源不同

翡翠水庫預算經費由翡管局每年編列，由於隸屬臺北市政府，預算編列受限於北市府額度，雖可申請中央支援，惟核撥金額常無法滿足實質需求。石門水庫及曾文水庫預算編列於中央，特別狀況尚可編列計畫預算或以特別條例經立法院通過後編列預算，預算使用充裕。

三、合作組織類別

翡翠水庫與中央管理的石門、曾文等二水庫合作組織類別的差異，主要顯現在社區民眾與公民團體間，石門及曾文水庫顯示出較多的公民互動，翡翠水庫則較為謹慎。

翡翠、石門及曾文等三座水庫跨域治理比較如表 3-3。

表 3-3　翡翠、石門、曾文等水庫跨域治理比較

水庫	業務類型	主管機構	經費來源	特性	合作組織類別	執行重點
翡翠水庫	水土保持（合作造林）	水庫主管：翡管	臺北市政府	劃設水源特定區	中央、地方政府間、第三部門	新植及補植造林

		局				
	水土保持（崩塌地處理）	集水區主管：水源局			地方、中央	1985-2005 崩塌地處理。2005-2008 因應風災崩塌地處理。
	水源維護				中央、地方政府、空警隊	濫墾濫建水源污染釣魚違規農畜物
石門水庫	水土保持（合作造林）	北水局	經濟部水利署、整治計畫、特別條例	無水源特定區	中央機關間	001-2005 集水區造林 2006-2009 執行整治計畫以復興尖石二鄉為主。
	水土保持（崩塌地處理）				中央機關間、地方政府	1972-2003 分二階段水土保持整治暨崩塌地處理。2006-2017 因應艾利風災整治。
	水源維護				保警總、民間團體、社區民眾	遏止破壞水土、濫墾濫伐及傾倒土石及垃圾、違規岸邊捕魚或垂釣、未經許可行駛船筏、違建
曾文水庫	水土保持（合作造林）	南水局	經濟部水利署、整治計畫、特別條例	無水源特定區	中央、地方政府、公民團體	集中整區造林
	水土保持（崩塌地處理）				中央、地方政府	2009 前崩塌地、防砂壩及溪流。2010 因應莫拉克風災以特別條例」整治。2012 年起擴大社會參與，推動公民參與

						計畫。
	水源維護				檢查機構、保警、在地警分局	私自經營非法釣魚平台、其他違規事項

資料來源：本研究整理。

貳、經費受限及政治環境的困窘

前述翡翠水庫可運用的治理經費較諸石門及曾文差距極大，位於政、商聚集的大臺北地區的水庫，應有充裕經費治理，且翡翠水庫無論集水區水土保持、大壩設施維護等維護成本，將隨著時間而增加，在政府整體經費拮据及政黨考量的政治環境影響下，以水利署立場言，若申請經濟部水利署經費補助，中央仍會一視同仁，整體考量。

> 不能用各水庫的經費來衡量，因為石門水庫已營運 55 年，曾文水庫也營運了 44 年，翡翠水庫畢竟年輕，不能與老水庫相比，加上石門水庫功能原為農業使用，在供水目標增多下，功能已不斷提升。水並不是處理好就可以，還要和地方、文化等做連結。財政有財政紀律，在行政權責分工下，中央與地方各有責任，只要是對大家用水有幫助的，水利署會做考量。[45]

參、小結

前述三座水庫治理集中於跨域整合、社會參與、中央地方

[45] 同註 20。

合作等三項議題，此三項議題亦為「地方創生會報」提出之具體內容。同為水庫跨域治理的議題，前述三座水庫治理探討後可知，翡翠水庫是唯一劃有特定區管理的水庫，集水區管理則另劃由中央機關負責，此為翡翠水庫的優勢，但可運用的經費資源卻不似石門與曾文等二水庫靈活，因素包括水庫年齡、管理方式及政治環境等。前述差異，使得水庫治理的合作組織類別有程度差異，翡翠水庫主要在地方政府與中央政府之間及地方政府之間等合作類型，石門及曾文可顯示與第三部門間的合作類型，部分則在民間團體、社區民眾及公民團體間。前述比較探討，跨域治理雖為水庫治理重要工作途徑，但也有程度的差別，水庫的治理成功，除了水庫本身的治理工作，位於下游的供水管線亦為重要，故位於下游的管線改善業務，由於涉及地區性的供水穩定，早已列為水利署穩定地區供水的重要工作，[46]至於三座水庫的深度訪談運用分析、跨域治理模式探討及跨域治理可能因素分析等，將另於後續的第六章深入論述，下一章則先就翡翠水庫下游的供水系統，屬於北水處管理的大臺北地區管網改善議題做一探討。

[46] 同註3。

第四章　公共決策-大臺北管網改善

臺北自來水事業處前身為「台北自來水廠」，成立於 1961 年，1977 年因組織改制成立至今，為直屬臺北市政府之一級事業機構。其供水區域涵蓋大臺北地區的臺北市及新北市所轄三重（二重疏洪道以東）、中和、永和、新店四個區與汐止區北山里、橫科里、宜興里、福山里、東勢里、忠山里及環河里等七個里，為臺灣地區北部最大的都會區域公共給水系統，輸配水管總長度約為 3,919 公里，轄區供水管網則長達 6,200 公里，分佈在 480 平方公里轄區內，供應 380 萬人口，並與台灣自來水公司之管網系統在三重、中和、板橋、蘆洲、淡水、關渡、汐止連接，可於必要時相互支援水量。長期以來在供水治理上，自來水事業經營者因預算排擠及施工能量等限制因素，多著重地面上的淨水及供水設施之擴建，對於地面下管網維護及管線汰換有所偏廢，以致產生漏水率偏高問題。

第一節　管網議題與決策

臺灣北部於 2002 年發生旱象缺水事件，影響範圍包括大臺北地區的臺北市、新北市（時為臺北縣）及桃園市（時為桃園縣），影響期間自當年的 3 月 1 日起至 7 月 10 日止長達四個月餘，大臺北地區主要水源的翡翠水庫水位跌至歷年最低的 119.5 公尺，歷經 5 月 9 日至 12 日市政自來水及大戶用水減量供水、5 月 13 日至 6 月 16 日「供四停一」、6 月 17 日至 7 月 5 日「供六停一」等各階段供水。該次旱象除了衍生出臺北市與中央權力互動關係外，同時更加凸顯北水處送水轄區管線老舊問題。

除了前述管線老舊問題，2015 年 10 月 19 日，媒體踢爆臺灣飲用水可能含鉛，全臺有 7 縣市 3.6 萬自來水鉛管戶，在北水處提供的北市 1.7 萬鉛管戶分布路段清單內容，其中萬華區萬大路巷弄鉛管長達 2.7 公里最長，永康街及饒河夜市等也上榜。前述不同事件發生，使供應大臺北地區民生用水的北水處，面臨民眾對管線漏水及鉛管問題的一再嚴苛檢驗。

壹、管網改善決策

管網改善計畫為 2003 年起制定，為 4 年期的中程計畫，其後於 2006 年再提出長達 20 年期的長程計畫，內涵蓋 2008 年提出的鉛管汰換。北水處推動更新管網先以爭取中央補助方式進行，其次自籌經費有系統提出管網改善計畫，執行過程中復提子計畫的鉛管汰換計畫。述之如下：

一、先爭取中央支援

北水處以往的管網改善原以例行業務執行，即北水處有經費始進行，卻不一定每年都有足夠經費，最早跳脫例行決策模式是在 1998 年，當時以爭取列入行政院擴大內需方案為重點，北水處由該處副處長郭瑞華[1]領隊，跟隨人員包括時任總工程司陳志奕、承辦的供水科長吳陽龍及副工程司陳奕能等共四位，齊至行政院經建會簡報爭取，經極力爭取後行政院終同意補助北水處申報經費 59.3 億元的一半，即 29.65 億元，方案核准時間則在 1998 年的 9 月 21 日，[2]核定後的執行期間原為 1999-2000 年，[3]後因九二一地震因素影響，實際執行期間從 1999 年起至 2004 年，此一方案主要執行內容為其他相關設施，管線汰換只是部分。[4]

二、自提「供水管網改善」計畫

北水處於 1998 爭取中央支援後，復於 2003 年決策供水管網改善計畫，該決策的主要觸動樞紐，則為北臺灣 2002 年亢

---

[1] 郭瑞華先生，時為北水處副處長，2002.12-2010.12 為北水處處長。

[2] 臺北自來水事業處爭取該項經費，行政院以文號臺 87 內 46481 號含核定同意。

[3] 行政院原規劃之擴大內需方案執行期間為 1999-2000 年，中央提撥 29 億 6 千 5 百萬元，北水處配合款 29 億 6 千 5 百萬元，以兩年為期執行總經費 59 億 3 千萬元「汰換舊漏管線計畫」，計畫預定汰換 416 公里舊漏給水外線改為不鏽鋼管，抽換輸配水管 235 公里，換成延行鑄鐵管。參見第八屆一次定期大會財政建設部門工作報告會議紀錄，臺北市議會公報 59 卷 17 期，頁 4465。1999.3.23。

[4] 行政院擴大內需方案經費撥付後，臺北自來水事業處處長用於抽水機（豎軸式改為沉水式）、中央監控淨水設施、辦公室自動化（電腦與網路）等設施，部分則用於汰換管線。參見蔡輝昇教授深入訪談。

旱，該年發生臺灣北部旱象缺水事件，影響範圍包括：大臺北地區的臺北市、新北市（時為臺北縣）及桃園市（時為桃園縣），影響期間自 3 月 1 日起至 7 月 10 日止，長達四個餘月，大臺北地區主要水源的翡翠水庫水位，跌至歷年最低的 119.5 公尺，歷經 5 月 9 日至 12 日，市政自來水及大戶用水減量供水、5 月 13 日至 6 月 16 日「供四停一」、6 月 17 日至 7 月 5 日「供六停一」等各階段供水。該次旱象除衍生出臺北市與中央權力互動關係外；[5]同時，更加凸顯北水處送水轄區管線老舊漏水率偏高問題，於此觸動樞紐下，決策者推動有系統的中程改善計畫。

貳、推動「供水管網改善中程計畫」執行階段成果

北水處汰換管線較有進度為 1999 年後，1999 年-2015 年老舊管線汰換期間，涵蓋有北市與中央合作執行的「行政院擴大內需方案」，以及 2003-2006 北水處提出之管網改善中程計畫；其中「行政院擴大內需方案」老舊管線汰換執行期間，因故延後於 2001 年 1 月重新修訂方案，執行至 2004 年，2003 年起北水處進行另波有系統的供水管網改善計畫。此部分供水管網改善涵蓋二部分，包括：2003 年提出的 4 年「供水管網改善中程計畫」及 2006 年再提出的 20 年「供水管網改善及管理計畫」。

北水處管線長度每年因汰換更新會有些許差距，以 2010

5　姚祥瑞，臺灣的六都與中央權力互動參考-府際治理觀點，蘭臺出版社，2016.1 出版。

年底顯示輸配水管總長度為 3,724 公里。[6]前述 2003 年提出的中程計畫，可謂北水處獨資進行有系統汰換管線的開始，第一年汰換管線達 99 公里，年汰換率為 1.6%，首度超越國際自來水協會（IWA）建議標準，2004 年、2005 年及 2006 年分別達 144 公里、150 公里與 152 公里，其中 2006 年管線汰換率 2.46%創歷年新高，至 2007 年「供水管網改善中程計畫」結束止，所發揮之功效，可從其漏水率觀之，2003 年為第一年汰換管網，其時漏水率為 27.51%，至 2006 年即已降至 25.77%，2007 年漏水率則為 24.19%[7]。北水處自 2003 年起至 2007 年期間，首次主導有系統汰換管線，已使漏水率逐年遞減。

參、20 年期「供水管網改善及管理計畫」決策

為持續改善供水管網系統與降低漏水率，該處依「供水管網改善中程計畫」，於 2006 年 8 月，針對漏水改善另訂定二十年「供水管網改善及管理計畫」，預計投入超過 207.46 億元進行改善，全面汰換老舊自來水管線，將口徑 75mm 以上配水管汰換為延性石墨球化鑄鐵管（DIP 管），口徑 50mm 以下給水管汰換為不鏽鋼管（SSP 管）。目標至 2025 年將漏水率降低至 10%。自持續推動管網改善計畫後，漏水率由 2006 年 25.77%降至 2009 年 22.03%；日平均轄區配水量由 2006 年 248 萬噸，降至 2009 年 215 萬噸，將節省水量全力支援臺北縣板

6　臺北自來水事業處 99 年統計年報，頁 19。2011.5。

7　同上註。另參見臺北市議會第 10 屆第 8 次定期大會臺北自來水事業處工作報告，頁 10-11。2010.7。

新地區，故 2009 年上半年雖遭逢乾旱水情；惟臺北市、縣（2010 改制為新北市）並未發生缺水狀況。截至 2017 年底，大臺北地區漏水率已減至 14.26%。

「供水管網改善及管理計畫」分四個階段執行，第一階段計畫（2006～2012 年），則持續辦理老舊管線汰換作業，目前 2012-2016 年第二階段計畫已完成，累計汰換 1776.7 公里（含其他配合重大公共工程建設及提升供水效能等相關改善措施）。2015 年臺北市長更迭，北水處在新任決策者經營下，當年度汰換 164.6 公里，為有計畫汰換來的最高點。自推動管網改善計畫以來，至 2017 年底共汰換 1899.8 公里的管線；其中 424 公里是鉛管。[8]2017 年則汰換老舊管線 123.6 公里，年汰換率 1.97%，汰換公里數為自 2003 年啟動管網計畫來最低，但此項成效仍獲得連續 14 年超越國際自來水協會（IWA）所建議「維持系統漏水不致惡化」管線年汰換率 1.5%之標準。自 2003 年決策起，每年要求汰換標準，即是參照國際自來水協會（IWA）建議的每年 1.5%汰換率，2003 至 2017 年止，北水處每年汰換率均超過國際自來水協會的建議標準，並將此項管網改善計畫列為向議會每年每會期報告事項。[9]自 2003 年起管網改善計畫決策前後汰換公里數比較如圖 4-1。

---

8 焦點新聞「北水處過去的管線汰換與未來鉛管汰除計畫」、常見問答「請問臺北地區目前漏水率如何？又有何改善措施」，臺北自來水事業處網站，取自：http://www.water.gov.taipei/ct.asp?xItem=130672990&CtNode=77964&mp=114001. http://www.water.gov.taipei/ct.asp?xItem=72044786&ctNode=47806&mp=114001. 2018.1.20 檢索。

9 臺北自來水事業處 106 統計年報，頁 19，2018.5。

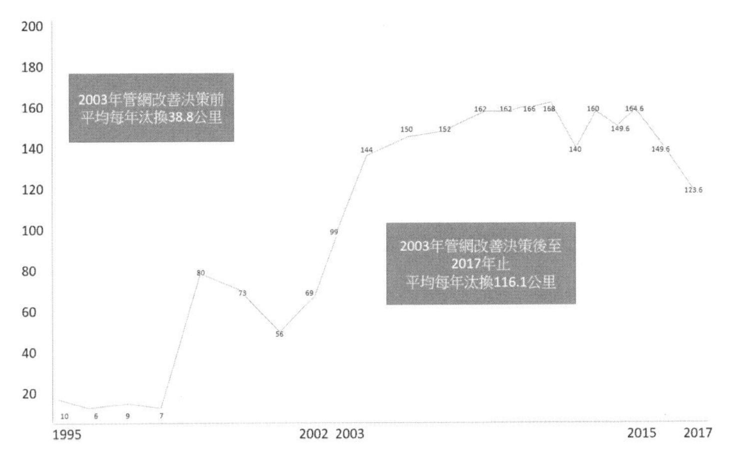

圖 4-1 管網改善計畫決策前後汰換公里數比較
資料來源:本研究繪製。

第二節　鉛管汰換計畫制定與執行

鉛管汰換屬於管網改善計畫的子計畫，雖非主計畫，但其影響已因 2015 年媒體踢爆臺灣飲用水可能含鉛事件，而與解決漏水問題的管網改善同樣重要，以下分從鉛管使用歷史、國內外因素影響鉛管使用及制定並執行鉛管汰換計畫等面向述之。

壹、鉛管使用已有歷史

鉛管使用於水管上主要集中於 1920-1970 年代，各國發展較早都市雖經汰換過程，但仍有部分鉛管存在，以臺北市而言，自來水設施早於 1907 年日據時期即開始發展，初期的給水管均為鉛管；光復後，給水管仍以鉛管為主，直到 1979 年為止，才全面停用。[10]隨著自來水設施的材質不斷隨技術演進，包括：鉛管、鑄鐵管、塑膠管與不銹鋼管等，在不同時期分別擔負輸送水的主要設施。事實上鉛水管的問題存在全球，香港 2015 年 7 月就爆發飲用水鉛含量超標風暴，逾 70 名居民被驗出血鉛含量異常，包含：兒童跟孕婦。[11]

貳、國內外因素影響鉛管使用

鉛管使用受影響因素，國內、外不同，國外因素為各主要國家地區水質標準提高；國內因素則為媒體屢經報導，述之如下：

一、世界各國鉛管水質標準提高

世界衛生組織之飲用水水質標準向為國內水質依循標準，該組織早於 1993 年發布飲用水水質指標，將飲用水鉛含量的限制值提升。鄰近國家日本於 2006 年跟進修正，歐盟則以 2013 年為時間點，之前與之後分別訂定二階段標準調整。行政院環保署則於 2008 年 1 月 2 日，修正發布飲用水水質標準第三條，將鉛含量最大限值，修正與世界衛生組織相同，施行日期則為 2013 年 12 月 25 日。[12]

---

[10] 管網現存鉛管情形，臺北自來水事業處官網，取自：http://www.water.gov.taipei/ct.asp?xItem=130672990&CtNode=77964&mp=114001. 2016.4.12 檢索。

[11] 許麗珍、洪敏隆，「天壽 3.6 萬戶是鉛水管水公司竟拒公布」，蘋果日報，2015.10.19。

[12] 世界衛生組織飲用水鉛含量的限制值，由 0.05mg/L 提升到 0.01mg/L。鄰近國家日本於 2006 年，由 0.05mg/L 修正為 0.01mg/L，歐盟則訂定二階段標準，2013

二、國內媒體報導

2008 年 5 月前，國內媒體陸續有針對鉛水管含鉛威脅人體的報導，[13]當時的北水處決策者即警覺於鉛管問題而有後續的有系統的汰換計畫…

> 當時輿論有鉛管含鉛有害人體的報導，有個案民眾雖經醫院檢驗證實鉛含量過高非屬飲用水含鉛過量問題，但是我當時警覺到北水處的鉛管會是將來的隱憂，所以才有後面的鉛管汰換計畫…[14]

由於決策者警覺鉛管汰換的必要性，於是針對北水處轄區鉛管於 2008 年 5 月，制定有系統的汰換計畫，同年 7 月，媒體再度針對鉛管問題質疑政府漠視。[15]

三、制定並執行鉛管汰換計畫

鉛管汰換執行時專業考量頗多，包括鉛管長度統計、汰換準則與策略及汰換期程及經費等皆屬於當時的範圍，探討如下：

年之前最大限值從 0.25mg/L 降至 2013 年之後的 0.01mg/L。參見〈行政院衛生署飲用水水質標準〉第三條修正總說明。

[13] 李樹人「北市老屋有毒鉛管 總長 800 公里」聯合晚報，2005.10.4。「寧靜疾病」 您需要了解的含鉛管道和含鉛漆。〈大紀元〉，2006.1.24。專家：D.C.水質愈來愈差。〈大紀元〉，2008.2.27。

[14] 受訪對象 2003-2010 任臺北自來水事業處處長。

[15] 王昶閔、林秀姿「老舊鉛水管傷腎 政府漠視」自由時報，2008.7.6。

（一）鉛管長度統計

在前述國內、外因素交替下，北水處於 2008 年 5 月訂定「鉛管汰換執行計畫」，[16]該計畫統計至 2007 年底。由於北水處早期給水表前管材多採用鉛管，鉛管問題僅止於給水管線，配水管線並無，北水處給水管線總長度為 2,633 公里，鉛管總長度為 416 公里占給水管之 15.8%，鉛管用戶數 72,625 戶，以北水處的東、南、西、北、陽明等五個營業分處區分，臺北市鉛管長度最長則落在西區分處，轄區範圍包括：臺北市的中正、萬華及新北市的永和、新店安坑、中和部分地區等一帶。

（二）汰換準則與策略

鉛管汰換計畫為管網改善計畫的子計畫，差異在於執行上列出汰換準則，以老舊社區為目標，同一巷弄為單位。策略上將鉛管長度分為三項處理等級，即長度大於 30 公尺，管線接觸面積與滯留時間使水質鉛濃度呈現最大相關性，屬水質高風險族群，列為優先「緊急」處理。20-30 公尺屬次要水質風險鉛管，列為「盡速處理」，考量各分處執行能量，列為 2010 年底前完成汰換目標。至於長度 20 公尺以下鉛管用戶占全數 86.8%（總長度 361 公里），原則上依管網改善計畫分階段執行。鉛管長度在 20 公尺以下，仍以西區的中正、萬華、永和、新店安坑、中和區為最長。鉛管長度數量統計如下表 4-1。

---

16 此計畫為「管網改善計畫」之子計畫，參見臺北自來水事業處「鉛管汰換執行計畫」，（2008.5）頁 19。

表 4-1 鉛管長度統計數量

區別	東區（中山、松山、信義、南港、內湖、汐止）	西區（中正、萬華、永和、新店安坑、中和部分地區）	南區（大安、中正、信義、文山、新店）	北區（大同、延平、社子、三重）	陽明（石牌、北投、陽明山、天母、士林、劍潭）	總計
＞30 公尺管線	643	2264	2538	4090	2382	11917
20-30 公尺管線	2902	14543	12218	7764	5429	42856
＜20 公尺	20086	135088	97882	40766	67882	361704
總計	23631	151895	112638	52620	75693	416477

資料來源：本研究整理。（數字來源依據臺北自來水事業處「鉛管汰換執行計畫」，頁 9-16，2008 年 5 月。）

（三）汰換期程及經費

此項計畫鉛管汰換期程配合前述 20 年長程計畫，每年至少 6.67％以上汰換率執行方式進行；並於 2008 年底前完成汰換 30 公尺以上鉛管用戶（總長度 12 公里），至 2010 年底前完成 20 公尺以上（總長度 43 公里），汰換鉛管工程經費約 23 億元，納入原管網改善工程及配合工程內執行。

第三節　決策者管網推動成效暨影響

北水處自 2003 年起有計畫推動管網改善，該計畫並涵蓋民眾關注的鉛管汰換範圍，屬於管網改善計畫的子計畫，決策者自 2003 年起有系統地推動管網改善計畫至今，已有明顯效果，述之如下：

壹、管網推動成效

管網推動成效主要以緩和原水需求壓力的效益及管網改善子計畫的鉛管汰換成果等二部分分析。

一、緩和原水需求壓力的效益

此項汰換管網計畫，對自來水事業經營成本短期雖有增加，但對翡翠水庫原水蓄水則有絕對影響，就其效益觀之，以北水處 2014 年平均每日取水量 248 萬 1,904 噸；若未分階段推動管網計畫，以 2003 年漏水率 27.51%，至今每天將流失 68 萬噸水，每年將流掉 2 億 4,580 萬噸的水，相當於石門水庫外加寶山第二水庫有效蓄水量的總和。[17]管網計畫的推動成效無形中也使翡翠水庫延緩水位下降壓力，可將節省之水資源做充分運用。

二、管網改善子計畫的鉛管汰換成果

大臺北管網改善計畫自 2003 年開始，其時管網改善進行同時鉛管也同時汰換；亦即 2008 年提出鉛管汰換計畫前，鉛管汰換並未中斷，2003 年至 2007 年期間，平均每年汰換 29.8

---

[17] 石門水庫有效蓄水量約 2 億萬噸，寶山第二水庫有效蓄水量約 3 千 147 萬噸。參見北區水資源局網站石門水庫與寶山第二水庫部分。取自：
http://www.wra.gov.tw/ct.asp?xItem=19988&CtNode=4534
http://www.wra.gov.tw/ct.asp?xItem=40112&CtNode=6672. 2018.1.20 檢索。

公里。自 2008 年計畫提出後，2008 年至 2014 年期間，平均每年汰換 40.3 公里。以兩個階段的汰換公里數對照，自 2008 年起鉛管汰換計畫推動以來，確實成效較佳。2015 年起為汰換管網系統內剩餘鉛管，另訂定供水管網改善及管理計畫-鉛管汰換子計畫，預定 2016 年完成 60%、2017 年完成 30%，最後於 2018 年底全數完成。[18]

2017 年 9 月底臺北市柯市長宣布提前完成鉛管汰換，卻因臺北市陸續發現北投、文山、萬華等部分側溝鉛管未換事件，而被媒體於 11 月報導打臉，[19]北水處對外說明謂鉛管於 1979（民 68）年、1981（民 70）年陸續佈置，圖資系統則於 2001（民國 90 幾）年後才繪製，資料正確性約 7、8 成，準確度無法達百分之百。[20]根據北水處資料，鉛管汰換最後完成時間是在 2018 年的 6 月，茲後亦公布 2018 年下半年第 7 輪第 2 批(300 點)自來水鉛含量檢測結果，均符合我國、世界衛生組織、歐盟及日本等先進國家飲用水水質標準(限值.01mg/L)。[21]

---

[18] 臺北市議會第十二屆第八次大會 臺北自來水事業處工作報告，頁 6-7。取自：https://www.water.gov.taipei/News.aspx?n=B7AAE9AE52E6FE1F&sms=4F970BD1B34921B8. 2018.6.28 檢索。

[19] 側溝又有鉛管波及柯P「說謊」 北水處這樣解釋，蘋果即時，取自：https://tw.appledaily.com/new/realtime/20171111/1239362/. 2017.11.11 檢索。

[20] 同上。

[21] 臺北自來水事業處，臺北自來水事業處公布 107 年下半年第 2 批原鉛管水質檢測資料，最新消息，北水處網站，取自：https://www.water.gov.taipei/News_Content.aspx?n=7580C646B026F97C&sms=78D644F2755ACCAA&s=3B6319C41181064C. 2019.1.20 檢索。

汰換鉛管計畫決策後成果比較如圖 4-2 所示。

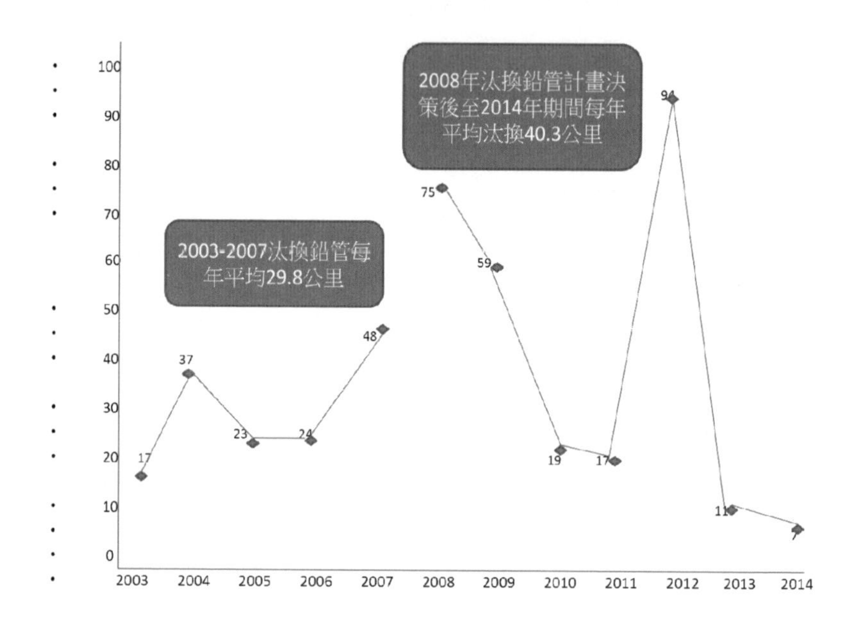

圖 4-2　汰換鉛管計畫決策後成果比較
資料來源：本研究繪製

註：北水處 2015-2017 年有關鉛管汰換的資料，已非以具體公里數字呈現，故本表顯示公里數字時間呈現至 2014 年。

貳、管網改善計劃的決策角色影響性

管網改善決策對組織及個人二個面向帶來不同的影響，以下即從對臺北市政府的組織影響及決策者有無獨厚家族議員轄區之個人的影響二方面，析述之。

一、適時決策減少施政衝擊

國內媒體偶有鉛管新聞的報導，但不像 2015 年 10 月間全面性的重視，不但成為臺北市議會質詢焦點，亦成為全國矚目的新聞焦點。主要在於鄰近香港，於同年 7 月因飲用水鉛含量超標風暴影響。2015 年 10 月大臺北地區鉛管公里數，因 2003 年管網改善及 2008 年的鉛管汰換計畫的推動，正逐年下降中。由於北水處已由決策者早已列入計畫有系統處理，使臺北市政府不致因鉛管議題成為風暴中心，如今觀之，當初（2003 年）決策者若未形成決策，繼而有系統、有計畫的推動，今日面對鉛管的危害，臺北市將難以對大臺北地區民眾負責，無形中減少臺北市政府的施政衝擊。

二、決策者家族影響

媒體批露臺灣飲用水可能含鉛問題，且萬華區萬大路巷弄鉛管仍長達 2.7 公里，為臺北市各行政區最長，萬華區選出之議員郭昭巖首當其衝，有選民電話抱怨，主要為該議員父親郭瑞華擔任北水處長八年（2003-2010），抱怨其主政多年居然讓轄區的萬華區民眾飲用含鉛水，[22]後悔選舉時支持其家族多年，為此郭昭巖議員於臺北市議會質詢市政府還其父親公道。[23]

北水處有系統汰換管線及鉛管始於 2003、2008 年，自 2003 年至 2010 年的 8 年期間，[24]鉛管汰換 281 公里，鉛管管線汰換率達 48%，及至 2011 年至 2015 年續執行 143 公里，亦屬

22　訊息來源郭昭巖議員服務處。

23　臺北市議會第 12 屆第 02 次定期大會，市政總質詢第五組，速紀錄，頁 27-32，2015.11.5。

24　此八年期間臺北自來水事業處長為郭瑞華先生。

原2006年提出之漏水改善20年期長程計畫，故自2003年起至2015年期間，已完成鉛管管線汰換73%。推動多年後，過往老舊鉛管陸續更新，管網計畫的決策影響性已顯著，如今鉛管比例已減至1.7%，長度自2003年推動初期的581公里，減至2015年9月僅餘157公里。[25]再由表3-1資料分析，臺北市中正、萬華所屬的西區鉛管公里數長度占鉛管長度總數的36.4%；其中未列為優先處理小於20公尺鉛管公里數長度，亦占20公尺以下總長度的37.3%，均較其他行政轄區為多，北水處自2003年起開始有系統推動漏水改善計畫，執行多年後該轄區鉛管仍為最多應屬正常情形，決策者以專業性考量推動執行，並未不顧該轄區民眾；進一步言之，決策者更未獨厚家族的市議員轄區，但也因此遭致轄區民眾的不諒解。

參、小結

臺北市的管網改善，有系統、計劃的決策始於2003年，與之前視年度預算多寡而進行的方式截然不同，後續於2006年再推動的長程計畫執行至今，由於老舊管線改善，減少漏水的效果顯著，對翡翠水庫上游治理，可適度減緩壓力。其子計畫的鉛管汰換成效，除對大臺北地區民眾健康影響深遠外，也減少後繼管理者的施政衝擊。至於鉛管是不是如北水處2018年6月資料顯示已汰換完成，若如北水處的對外所言，鉛管位

---

[25] 鉛管專區，臺北自來水事業處官網，取自：http://www.water.gov.taipei/ct.asp?xItem=127272284&CtNode=85025&mp=114001. 2016.10.20檢索。

置圖的資料正確性約 7、8 成，準確度無法達百分之百，則北水處對外公布已完成鉛管汰換恐需承擔一定風險！至於萬華區民眾抱怨北水處決策者主政 8 年，鉛管汰換卻未照顧家族選區選民一事，設若主政者存有私心，以其政治任命的職位言，汰換鉛管資源大可用於配偶選區，不但名正言順，尚可博得選民讚賞，不但為其配偶的議員服務加分，也替市長施政加分，何樂不為？其反其道的不如是處理，反驗證了當初決策者的公正與專業考量。至於本議題研究的管網決策模式構面暨訪談途徑、管網改善決策標準與可能因素分析及管網改善決策模式理論檢視等將另於第七章深入論述。

第五章　地方創生-馬祖建設

馬祖（連江縣）以湖庫水源及海水淡化廠為最主要共同給水來源，影響著馬祖地區的建設發展。除了水資源外，另一項影響馬祖地方發展的就是地方政府的建設，包括建設方向及執行情形，均為本章研究重點。若以馬祖地處臺灣偏遠的環境觀之，以觀光為主軸的地方創生，成為該區未來發展的不二途徑。本議題主要探討，即以 2017-2018 年馬祖地區離島建設基金的建設執行情形，及其主要推動的建設課題，在地方創生的「地、產、人」三項價值核心裡到底達成了多少？就以 2017-2018 年度離島建設基金補助項目的類型觀之，可謂兼具地方特色的建設類型，但在執行面，卻面臨理想與實際的考驗，影響「地方創生」的目標達成。本部分就離島建設基金補助的建設類型暨執行現況探討如下：

第一節　連江縣離島建設基金建設類型

連江縣（馬祖）配合行政院推動的各期離島綜合建設實施方案，前後歷經四期，至今已 16 年，其中，第四期的 2017-2018 年度適行政院提出「地方創生」概念，該建設方案推動可說是配合行政院推動之「地方創生」概念進行。以下就現推動的建設課題，符合地方創生類型及各部門執行概況提出探討。

壹、馬祖離島建設課題

連江縣政府在中央離島建設基金的經費挹注下，年年推動各期建設目標，對馬祖四鄉五島發展有所助益，但不容否認，主、客觀環境因素也使得連江縣政府推動各項建設的實際與期望有落差。連江縣政府 2017 年度獲得行政院離島建設基金補助經費，共達 3 億 3,126 萬 5,000 元，依建設類型分成基礎、產業、教育、文化、交通、醫療、觀光、社會福利、天然災害防制及濫葬、濫墾、濫建之改善(殯葬建設)等九部門。[1]

基礎建設部門，包括：馬祖列島燕鷗保護區棲地監管計畫等 15 案。產業建設部門，包括：馬祖地區安全農業生產計劃等 6 案。教育建設部門，包括：體驗戰地，探索海洋-推行海洋教育特色學校遊學計畫等 3 案。文化建設部門，包括：馬祖研究創作扎根計畫等 6 案。交通建設部門，包括：馬祖島際海

[1] 連江縣政府，2018，連江縣離島建設基金補助計畫 2017 第四季執行檢討，2018.1.16，未出版。

運基本航次補貼計畫等 4 案。醫療建設部門，包括：強化醫療服務功能及提昇醫療服務品質計畫等 1 案。觀光建設部門，包括：馬祖觀光主題活動暨節慶文化行銷及旅遊形象提升計畫等 3 案。社會福利部門 1 案，為體貼的關懷網絡-以工代賑及馬上關懷方案。殯葬建設部門 1 案，為南竿鄉納骨塔興建工程。前述 2017 年離島建設基金補助類型如表 5-1。

表 5-1　連江縣 2017 年離島建設基金補助類型

建設類型	件數	建設類型	件數
基礎建設	15	醫療建設	1
產業建設	6	觀光建設	3
教育建設	3	社會福利建設	1
文化建設	6	天然災害防制及濫葬、濫墾、濫建之改善(殯葬建設)	1
交通建設	4		

資料來源：本研究整理。

貳、符合地方創生核心類型

前述 2017 年各項離島建設基金建設案累計 40 案，符合地方創生的價值核心類型，主要以「促進地方產業發展」為主，計有 25 案。其次「整合在地及旅外優質人力」，計有 7 案，而「提升地方文化」則有 6 案，另有 2 案不屬於前述三種，則於本文列入「其他」類型。2017 年連江縣符合地方創生核心類型的離建基金建設案數如表 5-2。

表 5-2　2017 年連江縣符合地方創生核心類型離建基金建設案數

離建基金建設案	符合地方創生價值類型			其他
	地方產業發展	整合在地及旅外優質人力	提升地方文化	
40	25	7	6	2

資料來源：本研究整理。

參、各建設部門執行概況

根據連江縣政府統計，連江縣離島建設基金補助建設的案件數，2017 年的前年度累計有 52 案（含 2017 年 40 案），另外，2018 年度 37 案，2017-2018 共 77 案，[2]其中執行落後 18 案，占全體的 23.38%；在 77 案中，已解除列管案件(即中央已同意結案)24 案，占 31.17%，繼續列管案件 35 案，占 45.45%。[3]前述執行落後尚不包括已申請保留預算展延案件數。2017-2018 各建設部門執行情形如表 5-3。

表 5-3　2017-2018 各建設部門執行情形

執行情形	案件數	比例（%）	備註
執行落後	18	23.38	不含 2017 年以前的 12 案
繼續列管	35	45.45	

[2] 連江縣政府，2018，連江縣政府 107-離島綜合建設實施方案推動執行成效檢討計畫總結成果報告書。頁 10。2018.11，未出版。

[3] 連江縣政府，107 年離島綜合建設實施方案推動執行成效檢討計畫案期末報告，頁 12，2018.11，未出版。

結案	24	31.17	
合計	77	100	

資料來源：本研究整理。

第二節　基礎建設部門執行現況

基礎部門計劃涵蓋馬祖列島燕鷗保護區棲地監管計畫等15案，主要屬於地方創生的產業發展類型有12案，優質人才有1案，其他2案。截至2018年8月止，前述15案完成3案，執行比例20%。執行中8案，執行比例53.3%，執行率60-90%。保留4案，執行比例26.7%。計畫效益包括：提升水資源利用效率、促進地區綠能產業發展及吸引觀光等多項。執行進度及計畫效益詳如表5-4。

表 5-4 基礎建設部門執行情形

部門	類型	計畫名稱	總經費(千元)	執行單位	執行進度	計畫效益
基礎建設	產業發展	馬祖列島燕鷗保護區棲地監管計畫	9000	產發局	已完成	吸引觀光客及國際相關學者關切以及與我國進行交流，以提高國際形象及知名度。
	產業發展	太陽能熱水系統補助計畫	8450	產發局	計畫核定日期為2017年9月22日，預定完成日期	促進地區綠能產業發展

					2018 年 10 月 31 日。	
	優質人才	義勇消防人員救災技能人才培育訓練計畫	4000	消防局	依計畫執行中	強化地區義勇消防人員救災、救護、救溺技能
	產業發展	連江縣離島綜合建設實施方案推動執行成效檢討計畫	8000	行政處	依計畫進行中	整合計畫，順利推動執行離島建設基金業務。
	產業發展	提升連江縣無線網路服務行動加值計畫	40000	行政處	執行率約 85%，持續進行中	提供縣民及觀光客免費無線上網服務
	產業發展	連江縣建築物雨水貯留利用設施宣導及補助計畫	6000	產發局	2017 年預算由工務局轉移產發局，當年 93.8 萬保留，目前 2017 計畫業於 2018.6.29 辦理驗收，本案可於 2018 年順利執行完畢。	提升水資源利用效率

	產業發展	連江縣漁港設施增建計畫	90000	產發局、北竿鄉所	已完成	港埠設施更完善，吸引觀光人潮。
	產業發展	一般廢棄物跨區處理計畫	86000	環資局	廢棄物簽約終止期間為12月31日，致需於隔年始進行核銷請款等程序，無法於當年底前完成。	確保離島永續發展，保護珍貴土地資源留作生活、產業及觀光發展之需。
	其他	清淨家園-環境髒亂點清理計畫	9200	環資局	執行率6成，持續執行中	藉由髒亂點之環境清理，以有效維護環境整潔及觀瞻。
	產業發展	維護馬祖地區飲用水水質計畫	6000	環資局	已完成	維護地區民眾飲用水品質
	產業發展	馬祖地區低碳推動計畫	20000	環資局	執行率6成，持續執行中	降低能源使用量及提升能源使用效率
	產業發展	資源回收多元再利用	4000	環資局	執行率6成，持續執行中	資源回收，並減緩水質污染。
	產業發	連江縣海(底)漂垃圾調查及清除	57600	環資局	執行率8成，12月底前可完	海岸線景觀整理

<table>
<tr><td rowspan="9"></td><td>展</td><td colspan="2">計畫</td><td></td><td></td><td>成。</td><td></td></tr>
<tr><td>產業發展</td><td colspan="2">連江縣第五期(2019-2022年)離島綜合建設實施方案規劃計畫</td><td>3500</td><td>行政處</td><td>執行率約90%，持續進行中</td><td>整體計畫進度控管</td></tr>
<tr><td>其他</td><td colspan="2">輔導馬祖地區加速辦理土地總登記業務專案需求計畫</td><td>18750</td><td>地政局</td><td>本案於2017年7月始核定執行，執行時間短，尤其採購項目需要期程，故仍有預算36萬未及執行繳回，目前依計畫執行中。</td><td>強化土地管理</td></tr>
<tr><td rowspan="6">執行件數比例</td><td colspan="2">合計件數</td><td colspan="4">15</td></tr>
<tr><td rowspan="2">完成</td><td>件數</td><td colspan="4">3</td></tr>
<tr><td>比例</td><td colspan="4">20%</td></tr>
<tr><td rowspan="3">執行中</td><td>件數</td><td colspan="4">8</td></tr>
<tr><td>比例</td><td colspan="4">53.3%</td></tr>
<tr><td>計畫執</td><td colspan="4">60-90%</td></tr>
</table>

			行率	
		保留	件數	4
			比例	26.7%

資料來源：本研究整理

第三節　各建設部門執行情形

連江縣離島建設基金補助項目除前節探討的基礎建設部門外，尚包含產業建設、教育建設、文化建設、交通建設、醫療建設、觀光建設、社會福利、天然災害防治及濫葬、濫墾、濫建之改善（殯葬建設）等八部門項目，探討如下。

壹、各建設部門執行情形

各部門執行情形如下：

一、產業建設部門執行情形

產業建設部門合計 6 案，主要屬於地方創生的產業發展類型，計有 5 案，另一案屬於其他性質。前述 6 案均已完成，執行比例 100%。計畫效益主要為提升觀光發展效益。執行情形及計畫效益詳如表 5-5。

表 5-5　產業建設部門執行情形

部門	類型	計畫名稱	總經費(千元)	執行單位	執行進度	計畫效益
產業	產	馬祖地區	8000	產	執行完	增加農特產品

建設	業發展	安全農業生產計劃		發處	畢	品質，提升觀光效益。
	產業發展	沿近海漁業及養殖漁業永續經營計畫	10000	產發處	執行完畢	維護提升馬祖漁業資源，以永續經營。
	產業發展	馬祖地區農產品產銷輔導計畫	4000	產發處	保留預算，主因為農產品產銷輔導的大方向改變	發展在地特色產品， 帶動觀光發展，增加農民收益。
	產業發展	加強馬祖地區漁業推廣計畫	12000	產發處	執行完畢	因應觀光人潮帶來漁業經濟效益，增設漁業設備改善漁業環境，進而增加漁民收益所得，同時改善生活品質。
	其他	南竿鄉介壽獅子市場整體補強計畫	30000	南竿鄉公所執行	變更設計及配合市場搬遷作業致保留預算。	提升市場功能
	產業發展	離島產業升級輔導計畫	45000	產發處	進度超前	提升離島產業
	執行件	合計件數	6			
		完成件數	6			

	數比例		比例	100%

資料來源：本研究整理。

二、教育建設部門執行情形

教育建設部門有 3 案，屬於地方創生的提升地方文化類型及優質人力部份各有 1 案，另一案則屬其他性質。前述執行件數比例合計 3 案，完成 2 案，比例 66.7%。執行中 1 項，比例 33.3%，執行中執行率 70%。無保留項目。計畫效益包括：提升教師住宿環境、提升馬祖離島教學視野及推廣海洋觀光遊憩活動等。執行情形及計畫效益詳如表 5-6。

表 5-6　教育建設部門執行情形

部門	類型	計畫名稱	總經費(千元)	執行單位	執行進度	計畫效益
教育建設	地方文化	體驗戰地，探索海洋-推行海洋教育特色學校遊學計畫	2667	教育局	執行完成	島嶼特色教育，推廣海洋觀光遊憩活動。
	優質人力	走出馬祖-推動與臺灣離島教學交流計畫	9600	教育局	執行完成	增加馬祖學童學習機會，提升馬祖離島教學視野，為馬祖未來發展儲備人才。

	其他	仁愛國小教職員宿舍興建工程	30000	教育局	依計畫執行中，預定完工日期2018年10月24日。	提升教師住宿環境
	執行件數比例	合計件數	3			
		完成	件數		2	
			比例		66.7%	
		執行中	件數		1	
			比例		33.3%	
			執行率		70%	

資料來源：本研究整理。

三、文化建設部門執行情形

文化建設部門有 6 項補助計畫，屬於地方創生的提升地方文化類型計有 4 案，優質人力類型有 2 案。前述 6 項均在執行中，比例 100%，執行中執行率 70-80%，較為特別的是「從故鄉到他鄉－美學推廣暨交流計畫」，因兩岸交流環境及天候因素，無法順利邀到對岸交流人員，結案時間較有風險。計畫效益包括：培養在地創作人才、拓展國際視野，與國際接軌、透過各相關文化空間設施改善、整理，以吸引更多觀光遊客，並提昇在地知名度、兩岸美學互動及發覺在地文創特色等。執行進度及計畫效益詳如表 5-7。

表 5-7　文化建設部門執行情形

部門	類型	計畫名稱	總經費(千元)	執行單位	執行進度	計畫效益
文化建設	優質人力	馬祖研究創作扎根計畫	24000	文化局	執行完成	培養在地創作人才
	地方文化	文化資產保存活化及再利用計畫	66000	文化局	本案為 2016 年 8 月 4 日核定之計畫，並核定展延至 2018/12/31。	拓展國際視野，與世界遺產計畫接軌。
	地方文化	連江縣傳統建築暨聚落風貌補助計畫	32000	文化局	本案為 2016 年 8 月 1 日核定之計畫，並核定展延至 2019/12/31。	提升在地景觀特色
	地方文化	連江縣文化設施活化計畫	32000	文化局	執行完成	透過各相關文化空間設施改善、整理，以吸引更多觀光遊客，並提昇在地知名度。
	優質人力	從故鄉到他鄉—美學推廣暨交流計畫	10660	文化局	依計畫進行，惟執行受制於兩岸環境及天候因素影響。	傳承閩東文化，培育在地

						藝術人才。
	地方文化	文創造產-打造馬祖文創特色行動計畫	20000	文化局	執行完成	發覺在地文創特色
	執行件數比例	合計件數		6		
		執行中	件數	6		
			比例	100%		
			執行率	70-80%		

資料來源：本研究整理。

四、交通建設部門執行情形

交通建設部門有「馬祖島際海運基本航次補貼計畫」等 4 案，均屬於地方創生的產業發展類型，均依計畫執行中。計畫效益主要為便捷交通以帶動觀光。計畫效益包括：滿足民眾基本民生需求，帶動地區觀光發展、便捷離島交通，貫徹政府之施政、政策等。執行進度及計畫效益詳如表 5-8。

表 5-8 交通建設部門執行情形

部門	類型	計畫名稱	總經費(千元)	執行單位	執行進度	計畫效益
交通建設	產業發展	馬祖島際海運基本航次補貼計畫	261680	交旅局	執行完成	滿足民眾基本民生需求，並帶動地區觀光發

						展。
	產業發展	馬祖離島航空交通航次補貼計畫	144000	交旅局	執行完成	便捷離島交通，貫徹政府之施政、政策。
	產業發展	馬祖港埠拖船租賃及委外操作維護計畫	56740	交旅局	執行完成	全年無休、安全之服務。
	產業發展	「臺馬輪」公有船舶年度歲修補貼計畫	48000	交旅局	執行完成	便捷交通帶動觀光
	執行件數比例	合計件數	4			
		執行中 件數	4			
		執行中 比例	100%			

資料來源：本研究整理

五、醫療建設部門執行情形

本部門獲離島建設基金補助有 2 案，屬於地方創生的產業發展及優質人力等類型各 1 案。其中金門、連江、澎湖三離島地區航空器駐地備勤計畫尚未執行，預計 2018 年第三季開始執行。至於強化醫療服務功能及提昇醫療服務品質計畫部分，屬於四年期計畫（2015-2018），計畫效益為提升馬祖地區之整體醫療服務品質。主要內容為持續全縣在地化醫療及支援離島衛生所醫療暨醫事照護服務、緊急醫療暨夜間假日全時待診機制正常運作及各所緊急醫療設備、醫療資訊系統、發電機維持順暢等項。其計畫效益包括：提升馬祖地區之整體醫療服務品質、強化醫療緊急後送能力。執行進度及計畫效益詳如表 5-9。

表 5-9　醫療建設部門執行情形

<table>
<tr><th>部門</th><th>類型</th><th>計畫名稱</th><th>總經費(千元)</th><th>執行單位</th><th>執行進度</th><th>計畫效益</th></tr>
<tr><td rowspan="10">醫療建設</td><td>優質人力</td><td>強化醫療服務功能及提昇醫療服務品質計畫</td><td>26000</td><td>衛福局</td><td>依計畫執行</td><td>增加醫療專業人才投入馬祖誘因，提升馬祖地區之整體醫療服務品質。</td></tr>
<tr><td>產業發展</td><td>金門、連江、澎湖三離島地區航空器駐地備勤計畫</td><td>285858</td><td>連江縣政府</td><td>計畫尚未執行，預計 2018 年第三季開始執行</td><td>強化醫療緊急後送能力</td></tr>
<tr><td rowspan="8">執行件數比例</td><td colspan="2">合計件數</td><td colspan="3">2　備註：其中 1 件於 2018 第三季開始執行</td></tr>
<tr><td rowspan="2">完成</td><td>件數</td><td colspan="3">0</td></tr>
<tr><td>比例</td><td colspan="3">0</td></tr>
<tr><td rowspan="3">執行中</td><td>件數</td><td colspan="3">1</td></tr>
<tr><td>比例</td><td colspan="3">50%</td></tr>
<tr><td>執行率</td><td colspan="3">99%</td></tr>
<tr><td rowspan="2">尚未執行</td><td>件數</td><td colspan="3">1</td></tr>
<tr><td>比例</td><td colspan="3">50%</td></tr>
</table>

資料來源：本研究整理。

六、觀光建設部門執行情形

觀光建設計畫有 2 案，其中「馬祖觀光主題活動暨節慶文化行銷及旅遊形象提升計畫」，屬於地方創生的提升地方文化類型，執行中，子計畫計 25 案，尚在執行中之跨年度子計畫計 1 案，因本子計畫為跨年度計畫，已申請中央保留，將積極辦理驗收結案事宜，預計 2018 年第三季結案。至於「馬祖地區景觀及生態經營計畫」，屬於地方創生的產業發展類型，依計畫執行中。其執行進度及計畫效益詳如表 5-10。

表 5-10 觀光建設部門執行情形

<table>
<tr><th>部門</th><th>類型</th><th colspan="2">計畫名稱</th><th>總經費(千元)</th><th>執行單位</th><th>執行進度</th><th>計畫效益</th></tr>
<tr><td rowspan="6">觀光建設</td><td>地方文化</td><td colspan="2">馬祖觀光主題活動暨節慶文化行銷及旅遊形象提升計畫</td><td>160000</td><td>交旅局、文化局</td><td>2017 尚有子計畫一項保留持續進行，執行約 94%。</td><td>保護特殊觀光資源提供完善的觀光基礎設施，提升旅客旅遊滿意度。</td></tr>
<tr><td>產業發展</td><td colspan="2">馬祖地區景觀及生態經營計畫</td><td>22000</td><td>產發局</td><td>執行完成</td><td>美化道路及公共空間景觀，提升觀光資源。</td></tr>
<tr><td rowspan="4">執行件數比例</td><td colspan="2">合計件數</td><td colspan="4">2</td></tr>
<tr><td rowspan="2">執行中</td><td>件數</td><td colspan="4">1</td></tr>
<tr><td>比例</td><td colspan="4">50%</td></tr>
<tr><td>保留</td><td>件數</td><td colspan="4">1</td></tr>
</table>

			比例	50%

資料來源：本研究整理。

七、社會福利部門執行情形

本計畫為改善低收入戶等弱勢族群家庭經濟結構，輔導貧困家庭中有工作能力者從事臨時工作，核發以工代賑臨時工工資及補助「以工代賑」之臨時工勞、健保費，屬於其他類型，已執行完成。計畫效益為促其自立更生，改善其家庭經濟狀況。執行進度及計畫效益詳如表 5-11。

表 5-11 社會福利部門執行情形

類型	類型	計畫名稱		總經費(千元)	執行單位	執行進度	計畫效益
社會福利	其他	體貼的關懷網絡-以工代賑及馬上關懷方案		24000	衛福局	執行完成	輔導弱勢家庭，促其自立更生，改善其家庭經濟狀況。
	執行件數比例	合計件數		1			
		完成	件數	1			
			比例	100%			

資料來源：本研究整理。

八、天然災害防制及濫葬、濫墾、濫建之改善(殯葬建設)部門執行情形

本項計畫屬於其他類型，原由行政院 2014 年 12 月 23 日核定，經內政部 2016 年 9 月 1 日及 2017 年 12 月 11 日二次修正。修訂後，預定完成日期為 2018 年 12 月 31 日，修正主因為 2017 年 3 月底完成細部設計後，歷經三次上網公告，均無廠商投標而流標。經檢討流標原因，修正後復經二次上網公告完成決標。現已由南竿鄉公所先辦理骨灰（骸）罈遷移作業，正持續進行中。本建設計畫效益為透過獎補助方式提高火化率及骨骸起掘再火化比率，增進土地經濟效益。執行進度及計畫效益詳如表 5-12 所示。

表 5-12 天然災害防制及濫葬、濫墾、濫建之改善(殯葬建設)類型

部門	類型	計畫名稱	總經費(千元)	執行單位	執行進度	計畫效益
天然災害防制及濫葬、濫墾、濫建之改善(殯葬建設)	其他	南竿鄉納骨堂興建工程	29000	民政處	1. 2017 年 3 月底完成細部設計，歷經三次上網公告，均無廠商投標而流標。 2.後續 2 次上網公告始決標、簽約。 3. 本案	透過獎補助方式提高火化率及骨骸起掘再火化比率，增進土地經濟效益。

<table>
<tr><td rowspan="4"></td><td></td><td colspan="2"></td><td></td><td></td><td>鄉公所先辦理骨灰(骸)罈遷移作業，目前遷移作業尚未完成。</td><td></td></tr>
<tr><td rowspan="3">執行件數比例</td><td colspan="2">合計件數</td><td colspan="4">1</td></tr>
<tr><td rowspan="2">保留</td><td>件數</td><td colspan="4">1</td></tr>
<tr><td>比例</td><td colspan="4">100%</td></tr>
</table>

資料來源：本研究整理。

貳、小結

馬祖地處台灣偏遠地區，向來不受中央眷顧，地區接受政府離島建設基金補助的建設項目，多與政府推動的地方創生概念契合，此從 2017 年接受離島建設基金補助的計畫項目 40 項，符合地方創生項目即有 38 項，比例高達 95%可得知，各項建設執行情形，亦影響地方創生階段性的達成，就以前述執行情形觀之，受限自身環境及兩岸政治環境影響，部分未能依限完成，致影響整體執行成效，確有加強空間，而馬祖未來發展，即繫於每年每期推動的建設課題，各期設定的目標，經年累月累積效果即能繁榮馬祖，達成地方創生的目的。至於本議題研究的訪談篩選與提綱的設計及創生治理因素分析等，將另於第八章深入論述。

第六章　跨域治理模式與可能因素分析

本章將依據第三章翡翠、石門及曾文等三座水庫治理的歷程，提出水庫跨域治理的決策構面、訪談提綱設計等，主要藉由水庫的跨域治理模式及訪談後的可能因素分析，作為本研究水庫治理議題之分析基礎，以下即分別以深度訪談之運用分析、跨域治理模式探討及跨域治理可能因素分析等三節分析之。

第一節　深度訪談之運用分析

本節訪談運用分析，主要為水庫治理的跨域治理訪談篩選暨抽樣途徑、構面及訪談提綱設計二部分。

壹、跨域治理訪談篩選暨抽樣途徑

分以訪談對象篩選及抽樣途徑等二部分說明如下：

一、訪談對象篩選

本研究的水庫治理議題訪談，完成於 2017 年 10 月 11 日，主要為針對翡翠、石門及曾文等三座水庫治理及國內水資源政策等研究運用，其中翡翠水庫治理經驗研究的部分已先完成於另一部著作，[1]至於本研究議題的石門及曾文等二座水庫與翡翠水庫的跨域治理比較，則於本研究持續進行。由於訪談對象位處主管水庫機構之重要職位或水庫管理機構之首長，包括現任水利署署長、翡管局（翡翠水庫）局長、北水處長、水源局長等，以及仍處管理水庫機構其他重要職位的北水局（石門水庫）長，或曾任南水局（曾文水庫）局長等，不但屬於不同層級的政府機構，[2]亦均為政策面及執行面的決策階層，其見解具專業權威，為本研究篩選運用。至於非政府部門則為與政府部門人員有豐富共識經驗的國立中興大學公共政策所所長（現為法政學院副院長）。以上研究訪談對象共計 7 位，訪談受訪對象不呈現姓名，其編碼為 R1、R2、R3、R4、R5、R6、R7。翡翠、石門及曾文等三座水庫治理深度訪談受訪對象如表 6-1。

表 6-1　翡翠、石門及曾文等三座水庫治理訪談對象

編號	服務單位	職稱
R1	經濟部水利署	副署長（現為署長）
R2	臺北翡翠水庫管理局	局長

[1] 深入訪談於 2017 年 10 月完成，其中運用於翡翠水庫治理經驗部分，已完成著作「臺灣水庫治理-翡翠水庫的經驗」一書，由蘭臺出版社於 2018 年 1 月出版。

[2] 北區水資源局、南區水資源局及臺北水源特定區管理局隸屬經濟部水利署，屬於中央層級，臺北翡翠水庫管理局及臺北自來水事業處則隸屬於臺北市政府，為地方層級。

R3	臺北自來水事業處	處長
R4	臺北水源特定區管理局	局長
R5	經濟部水利署北區水資源局（石門水庫）	局長（現為水利署主任秘書）
R6	經濟部水利署南區水資源局（曾文水庫）	局長（2018.7.18 卸任）
R7	國立中興大學公共政策所	所長（現為法政學院副院長）

資料來源：本研究整理。

二、抽樣途徑

本研究案例的訪談樣本篩選，採取判斷抽樣（Judgmental Sampling），判斷抽樣又稱「立意抽樣」，是根據抽樣人主觀經驗從總體樣本中選擇那些被判斷為最能代表總體的單位作樣本的抽樣方法。其中使用的訪談法為半結構性訪談(Semi-structural Interviews)，藉由訪談及座談，以半結構性訪談了解水庫治理及地方建設計畫等執行情形，以及分析其模式、可能因素。

貳、構面及訪談提綱設計

本研究依跨域治理構面設計有「水土保持」及「水源維護」等二個治理面向，前者治理構面又包含集水區造林及崩塌地治理二項業務，水源維護治理則涵蓋水源區聯合稽查業務，針對各構面詮釋定義，最後將各構面訪談提綱列出如下：

一、構面

(一)水土保持治理：涵蓋集水區造林及崩塌地治理二種業務類型。即集水區水土保持對水庫減少淤積有直接效果，合作範圍涵蓋集水區造林與崩塌地治理，前者可減少崩塌機率，此構面屬跨機關的公部門合作治理。

(二)水源維護治理：主要為水源區聯合稽查。即人為濫墾、濫建及休憩旅遊帶來的汙染，均對水庫水質帶來負擔，水源區範圍廣泛，相關法令涉不同主管機關，跨機關合作治理可減少本位主義的制肘，執行以水源區內的重大汙染案件為主。

二、訪談提綱

(一)水土保持治理：跨機關合作的效益？合作治理是否以管理機構為主導？自行執行的困難處？

(二)水源維護治理：合作期間看法不同如何磨合？長久稽查如何避免執行人公式化習性？合作治理最需克服的困境？

有關「水土保持」及「水源維護」等治理面向的構面及訪談提綱設計如表 6-2。

表 6-2 水土保持及水源維護等治理面向構面及訪談提綱設計

治理構面	業務類型	構面定義	訪談提綱
水土保持治理	集水區造林及崩塌地治理	集水區水土保持對水庫減少淤積有直接效果，合作範圍涵蓋集水區造林與崩塌地治理，前者可減少崩塌機率，此構面屬跨機關的公部門合作治理。	跨機關合作的效益」？合作治理是否以管理機構為主導？自行執行的困難處？
水源維護	水源區聯	人為濫墾、濫建及休憩旅	合作期間看法

治理	合稽查	遊帶來的汙染，均對水庫水質帶來負擔，水源區範圍廣泛，相關法令涉不同主管機關，跨機關合作治理可減少本位主義的制肘，執行以水源區內的重大汙染案件為主。	不同如何磨合？長久稽查如何避免執行人公式化習性？合作治理最需克服的困境？

資料來源：本研究整理。

第二節　跨域治理模式之探討與比較

本節以建構的水庫跨域治理的三個互動層面，包括「公、私夥伴」關係、「跨組織合作」關係及「跨越轄區的合作」關係等，結構面的「中央與地方」、「地方政府間」、「政府機關與公民社會」關係及「政府機關與企業組織」關係等四個層面的跨域治理模式探討之，並就三座水庫治理模式做一比較。

壹、治理模式

以下依序就翡翠、石門及曾文等三座水庫治理模式探討。

一、翡翠水庫部分

以水土保持類型的合作造林及崩塌地整治，以及水源維護的聯合查組等業務分析，可分為：

（一）合作造林及崩塌地整治部分

翡翠水庫自 1995 起，由翡管局以跨機關方式與臺北縣政府、水源會、台灣省林務局及臺北自來水事業處等單位合作；其後又因管轄地問題，商經水源會同意自 1998-2000 年度分三年更新造林。從互動面觀之，屬於「跨組織合作」及「跨越轄區的合作」等二層面關係；又由於 2007-2009 年與財團法人時報文教基金會合作，施行補植及割草撫育等工作，屬於「公、私協力夥伴」關係。結構面上，屬於「中央與地方」關係及「政府機關與企業組織」關係。

至於翡翠水庫集水區崩塌土地，翡管局則於 2005 年起與行政院農委會林務局羅東林區管理處協調，共同整治水庫集水區內國有林第四林班崩坍地，數年來翡管局與林務局均編列治理經費，共同治理轄管崩坍地與水庫區其他邊坡，當時亦開啟臺北市政府與中央林務單位合作整治水庫崩坍地先例。從互動面觀之，屬於「跨組織」和「跨越轄區的合作」關係。至結構面上則為「中央與地方」關係。由於集水區崩塌地治理未涉及私有土地，無公民參與議題。

（二）聯合稽查部分

翡翠水庫聯合稽查由翡管局、水源局與新北市政府、北水處、國道高速公路新建工程局等公部門，就水源區內水土保育與重大污染案建置維護業務協調會，或結合不同轄區政府力量共同保護水庫水質的露營區、休閒農場及養鹿場等稽查機制，從互動面觀之，屬於「跨越轄區的合作」關係；結構面則屬於「中央與地方」及「地方政府間」的治理關係。

二、石門水庫治理模式

同前所述，本部分仍以水土保持類型的合作造林及崩塌地整治，以及水源維護的聯合查緝等業務分析如下：

（一）合作造林及崩塌地整治部分

石門水庫部分，集水區林班地造林工作多年來由主管單位推動，北水局與林業主管單位間，從互動面觀之，既屬於「跨組織合作」關係；亦兼及「跨越轄區的合作」關係。結構面觀之，由於涉及地方政府權責，則屬於「中央與地方」關係。

至於崩塌地治理，由於風災因素，使原分三階段治理的集水區崩塌地進行至第三階段，即需與另一整治計畫平行治理。前述各階段均由中央機關各部會與地方政府執行。在艾利風災後，石門水庫崩塌地等水土保持整治推動，設有相關專家學者及民間參與協調協商機制，並由經濟部於 2009 年依「石門水庫及其集水區整治計畫民眾參與注意事項」，落實民眾參與。從互動面觀之，2009 年前為「跨組織」及「跨越轄區的合作」關係；之後則屬「公、私協力夥伴」關係。結構面觀之，2009 年前為「中央與地方政府」關係，2009 年後則增加「政府機關與公民社會」關係。

（二）聯合稽查部分

北水局為加強石門水庫集水區管理維護，自 2006 年起依計畫與桃園縣、新竹縣的復興、尖石等鄉公所及內政部警政署保警總隊等公部門合作執行，分別負起陸上及蓄水範圍水域的巡查工作；亦結合在地居民加入保育巡守志工行列，並依不同區域將巡守志工分成玉峰、中壢、百吉、雪霧鬧、樂山等中隊，執行防制水源維護影響等事項。在互動面上屬於「跨組織合作」關係及「公、私協力夥伴」關係。結構面則屬於「中央與地方」及「政府機關與公民社會」關係。

三、曾文水庫治理模式

本部分仍以水土保持類型的合作造林及崩塌地整治，以及水源維護的聯合查緝等業務分析如下：

（一）合作造林及崩塌地整治部分

曾文水庫較具規模造林始於 1997 年，合作機關分別為臺東林管處、中華紙漿及造林協會，負責植栽苗木，2011 年起則依曾文水庫特定區計畫（第三次通盤檢討）案，集中整區造林，並與嘉義縣政府、台南市政府等地方政府合作，除外，亦讓公民及其他團體對造林表達意見。過程中亦列入公民團體的陳情意見做為執行參考，互動面上是一種「跨組織合作」關係，結構面上，屬於「中央與地方」關係，同時，可列為「政府機關與公民社會」關係。

至於崩塌地處理，集水區涵蓋三個都市計畫區，在其集水區保育治理的角色上，涵蓋不同層級政府組織，與鄰近各縣市政府等，亦包括農田水利會等非政府部門共同推動執行。2011 年，開始納入公民參與，並自 2012 年起訂定 2012-2013 曾文水庫治理擴大社會參與、2014 公民參與曾文水庫經營管理推動計畫及 2015 公民參與曾文水庫經營管理推動計畫等。一系列公民參與法制化，將公民參與納入機制，以使在互動面上呈現「跨組織合作」關係；而在結構面則呈現「中央與地方」及「政府與公民社會」關係。

（二）聯合查緝部分

南水局聯合取締曾文水庫集水區的汙染水源工作自 1999

年開始，合作機關有嘉義地檢署、保安警察總隊第六隊及在地的警察分局等。至於水庫區的巡邏及臨檢則與保安警察總隊第六隊合作執行。在互動面上，屬於「跨越轄區的合作」關係；結構面上則為「中央與地方」關係。

貳、治理模式比較

前述三座水庫在合作造林部分皆屬於「跨組織合作」關係，差別在於曾文水庫自 2011 年起納入公民意見，結構面上呈現與翡翠及石門不同。至於崩塌地處理，同屬中央的石門與曾文均納入公民團體意見，時間點均為風災嚴重受創後，而翡翠水庫的「跨組織合作關係」則仍侷限於公部門。水源維護治理在石門水庫部分較為特別，除公部門參與外，另以當地民眾為主成立志工隊，實際執行防制水源污染事項，翡翠與曾文則以不同層級公部門合作治理為主。整體而言，翡翠水庫的水土保持及水源維護治理部分，相較於石門及曾文，多以公部門間的合作協調為主，並未納入當地居民或公民團體意見，應與翡翠水庫屬管制區執行面有所考量有關。三座水庫治理模式比較如表 6-3。

表 6-3　翡翠、石門、曾文等水庫治理模式比較

水庫	業務類型		治理模式	
			互動面	結構面
翡翠水庫	水土保持	合作造林	「跨組織合作」關係、「跨越轄區的合作」關係、「公、私協力夥伴」關係	「中央與地方」關係、「政府機關與企業組織」關係
		崩塌地處	「跨組織合作」關係、「跨越轄區的合	「中央與地方」關係

		理	作」關係	
	水源維護		「跨越轄區的合作」關係	「中央與地方」關係、「地方政府間」關係
石門水庫	水土保持	合作造林	「跨組織合作」關係、「跨越轄區的合作」關係	「中央與地方」關係
		崩塌地處理	「跨組織合作」關係、「跨越轄區的合作」關係、「公、私協力夥伴」關係	「中央與地方政府」關係、「政府機關與公民社會」關係
	水源維護		「跨組織合作」關係、「公、私協力夥伴」關係	「中央與地方」關係、「政府機關與公民社會」關係
曾文水庫	水土保持	合作造林	「跨組織合作」關係	「中央與地方」關係、「政府機關與公民社會」關係
		崩塌地處理	「跨組織合作」關係	「中央與地方」關係、「政府與公民社會」關係
	水源維護		「跨越轄區的合作」關係	「中央與地方」關係

資料來源：本研究整理。

第三節　跨域治理可能因素之分析

經由前述訪談提綱設計，進行並整理完成之訪談資料，再依據前述三座水庫治理歷程，將跨域治理可能因素分析如下：

壹、建立機制

由於各水庫治理機關與相關機關有協力作為時，例如成立會報機制或推動合作業務，若因本位主義顯現，將使會報效果或業務合作成效受限，若須處理，水利署仍須主動介入…

> 水利署協調了很多案例，不同部門之間需水利署高度來整合，水利署要主動，不能出了問題才想辦法，像是南區水資源局、北區水資源局等與自來水公司之間就常常需要協調，幾乎每天需要，已屬於常態性，而土地管理與河川局之間也常需水利署出面協調。（R1）

貳、治理須具備合作意識

水庫治理需要跨機關合作，無法各行其是，各自管理，其效益始能顯現，但治理亦須面臨數機關如何合作整合問題，無論由誰主導，若缺少合作意識，治理效果將受影響…

> 整個翡翠水庫範圍管理，大致可分為兩個主要區塊，首先是大壩上游水域及保護帶，其次是大壩上游的集水區。翡翠水庫上游集水區面積 303 平方公里，範圍最廣，屬於經濟部的臺北水源特定區管理局管理，翡管局管理範圍僅限水域及保護帶區域。我在經濟部水利署及水源局工作時，就一直認為水庫上、下游是生命共同體，不論是水庫淤積預防、或是上游汙染控制，不可能只做好水庫水域或是保護帶區域就可以高枕無憂的，上游更是非常重要的，我現在掌管翡翠水庫，還是秉持著這個理念，翡管局與水源局兩個

機關須共同合作才能治理好水庫，否則效益就會打折，在這個理念下，我認為翡管局推動的工作，也是水源局要做的，即使翡管局列入優先或是主導推動，對水源局也同樣重要。(R2)

無論上游的集水區治理或是水庫的經營管理，雖分屬不同機關，但各機關業務各有職司，要將水庫管理好，只有靠彼此合作…

由於翡翠水庫集水區適用都市計畫架構劃成保護區，所以經濟部水利署所轄的「臺北水源特定區管理局」與臺北市政府所轄的「臺北翡翠水庫管理局」之間，只有合作，沒有誰主導誰的問題，歷年合作整體來說是順暢的，當然免不了因首長個人的風格，產生些微的摩擦，以業務來說翡翠水庫水質若變壞，在翡管局的認知上多半會認為是上游沒管好，於是會將責任歸咎到水源局。其實水質好壞，除了上游的管理，水庫管理單位的操作也是影響水質的因素。(R4)

現場會勘的各個機關，由於執掌不同各有立場，可依機關的默契及經驗，依其業務涉及範圍的大小決定主導機關…

石門水庫的治理在北水局與其他十個單位最初的合作中，因限於預算、人力及立場等，確實有不同意見，整合時也發生一些問題，常常需到現場會勘，久了大家就會有個爭執的依循點，雖然

> 已有綱領分工，可是處理面會有跨到其他單位的區塊，這時大家會有默契，誰需要處理的範圍大，就由誰主導負責。（R5）

參、提升治理功能

跨機關合作雖可提升效益，但遇爭議性案件，就需靠機制的建立，始可有系統的統合不同機關資源，提升治理功能…

> 跨機關合作的部分多半有合作的機制，像是「河川橋梁聯繫會報」就會將相關機關納入，遇爭議案件可能同時涉及多個機關，就可藉會報整合不同意見。舉例來說，當一個橋樑工程被提出時，除了橋梁須符合專業的水流問題，同時也會牽涉到水利法等問題，相關機關看法可能會有不同，此時包括河川局、水資源局、公路總局、高公局、及鐵路局等都會提出業務意見，碰到這種情形，由於大家都是公部門，應該還好溝通協調，當然，若是碰到太大的案件，也有可能較難處理。（R6）

肆、亢旱時相互支援

水庫治理是一體的，無法將水庫供水依地域個別分開，而相互合作治理體驗到另一層面，就是支援供水，依歷往亢旱經驗，水庫相互間會有亢旱時相互支援情形，尤其肩負大臺北地區供水功能的翡翠水庫，無論有無遇到旱情，均負支援其他水庫之使命…

> 亢旱時翡翠水庫主要用水調配，主要考慮因素還是民眾，以民眾用水來做調配，不過翡翠水庫也負有支援石門水庫用水的任務，所以今天只要石門水庫遇亢旱期，無論翡翠水庫本身有沒有碰到，翡翠水庫都會有支援的功能，當翡翠水庫水量夠時，支援的角色就更加吃重。（R1）

伍、上游治理影響下游供水

上游治理很重要，水源是否潔淨、充裕，將影響下游用戶的用水，若水源嚴重汙染，淨水設施亦可能面臨無法處理的壓力，水的質與量的供應若常處於不確定狀態，不但影響民眾用水，亦影響地方發展…

> 上游水源很重要，大臺北地區主要水源來自翡翠水庫，若翡翠水庫上游治理不好，下游的淨水處理不但成本增加，嚴重時還會有停水的壓力，若長期發生，一定會影響正常供水，若大臺北地區用水常處不確定狀態，地方發展勢必受到波及。（R3）
>
> 石門水庫集水區的治理，有個很特別的地方，上游工程在規劃時，會參考採納外面人員團體的意見，包括環保團體、學者專家還有在地民眾等，而且都會有固定勘查及會議機制讓他們提出意見。（R5）

陸、現行制度改變困難

學者參與政府計畫有其侷限，若研究建議政府須改變現行制度，受限於政府預算、環境及人員心態，效果恐無法掌握…

> 政府接受學者的意見比例較低，包括委託研究結果或是協調機制會議的結論，學者意見若涉及到對現行制度的改變，不好處理。另方面政府機關總希望改變是漸進式的，如果不是如此，就會以建議不符方向，或原則性不夠具體等理由而不採納，我們也知道，提出的建議也是增加了他們的負擔，所以在政府機關沒有急迫性下，建議就束諸高閣了。（R7）

第七章　管網決策因素之分析暨模式檢視

本研究依據 Anderson James E 的個人決策標準，設計出六個構面提綱，根據第四章的管網改善歷程探討，涵蓋各階段管網改善決策，提出提綱擬妥訪談題目。為顧及決策模式分析精準性，任內受矚目的其他決策，甚而一般性決策，受訪者經由訪談過程中主動或被動說明都會納入，藉由深度訪談及理論模式，釐清決策者決策模式的可能因素及檢視。

第一節　管網決策模式構面暨訪談途徑

本節大臺北地區管網改善決策模式，將以 Anderson 提出之個人決策的六個標準做為決策構面設計及訪談提綱主要內容。以下即以深度訪談途徑、決策構面設計分別析述如下：

壹、深度訪談途徑

包括對象安排及構面，訪談提綱設計等如下

一、訪談對象安排

本研究以北水處管網改善計畫為研究個案，涵蓋期程為1998年向行政院爭取預算起，經2003自訂管網改善計畫執行至今止，決策者包括林文淵、蔡輝昇、郭瑞華、吳陽龍及現任的陳錦祥等五位前、後任處長，亦為臺北市長民選後的歷任及現任北水處長，已滿足本研究決策模式研究訪談所需決策者代表人數，依任職先後賦予D1、D2、D3、D4及D5等編碼，訪談對象編號、任職年及專業經歷，如管網決策深度訪談對象表7-1。

表7-1 管網決策訪談對象

編號	任職年	專業經歷
D1	1995-1998	企劃師、主任、副總工程司、北水處長
D2	1999-2002	交通管制工程處副處長、捷運公司總經理、董事長、捷運局長、北水處長
D3	2003-2010	工程司、供水科長、副處長、翡管局長、北水處長
D4	2011-2014	科長、總工程司、總隊長、北水處長
D5	2015	科長、總工程司、總隊長、副處長、現任北水處長

資料來源：本研究整理

二、構面及訪談提綱設計

分就構面及訪談提綱設計等二部分如下

（一）決策構面

Anderson 在其 Public Policy－Making：An Introduction 一書中提出無論行政官員或是民意代表，常因六種因素而影響其決策，Anderson 提及的價值觀（value）、政黨歸屬（party affiliation）、選區利益（constituency interests）、民意（public opinion）、服從的標準（deference）及決策規則（decision rules）等六種個人決策標準，符合本研究設計決策構面所需，其構面及定義如下

1.價值觀：決策制定受包括：機關組織、專業、個人、政策價值及意識形態等價值觀影響。

2.政黨歸屬：決策制定忠於政黨的政策決定程度。

3.選區利益：決策制定有無偏厚轄區居民利益；尤其家族為地方民意代表。

4.民意趨向：決策定案是否以民意為標準。

5.服從的標準：決策時會否受上級長官或民意代表建議影響。

6.決策規劃：決策過程會考慮嘗試失敗吸取經驗或援引先例，亦或依個案判斷等方式進行。

（二）訪談提綱設計

依前述構面及定義提出訪談提綱如下

1.價值觀：請問您的決策考量，受下列哪種價值觀影響最大？（強化機關組織生存面、專業領域、個人價值觀、政策觀點及

意識形態等因素)有無夾雜二種價值觀以上？您的決策考量實質解決問題的效益？

2.政黨歸屬：您有加入政黨嗎？在做決策時會否受到所屬政黨政策方向影響？影響比重如何？

3.選區利益：請問轄區居民需求是否為決策定案重要考量因素？若所屬政黨議員需求，會否影響決策定案？設若家族有人為選區民意代表，決策定案會否受影響？

4.民意趨向：請問決策定案是否都以輿論或民意為主要考量？您覺得民意應扮演決策者的何種角色？哪種民意才是您考量的民意？（如市府研考會民調、媒體民調）

5.服從的標準：請問決策時會否遇上級長官、機關或民意代表有意見情形？決策時會否受上級長官、機關判斷或民意代表建議的影響？在決策時若接受建議，您覺得對方案推動的完整性屬正面亦或負面影響？

6.決策規則：請問您決策方式？例如採取「嘗試失敗吸取經驗」、「援引先例」或依「個案判斷」等方式。哪種方式在您的決策模式嘗試最多？前人決策的方案您會否持續執行，或重新決策？

前述管網改善決策構面及訪談提綱設計如表 7-2。

表 7-2　管網改善決策構面及訪談提綱

決策構面	定義	訪談提鋼
價值觀	決策制定受包括機關組織、專業、個人、政策價值及意識形態等價值觀影響。	請問您的決策考量，受下列哪種價值觀影響最大？(強化機關組織生存面、專業領域、個人價值觀、政策觀點及意識形態等因素)有無夾雜二種價值觀以上？您的決策考

		量實質解決問題的效益？
政黨歸屬	決策制定忠於政黨的政策決定程度。	您有加入政黨嗎？在做決策時會否受到所屬政黨政策方向影響？影響比重如何？
選區利益	決策制定有無偏厚轄區居民利益；尤其家族為地方民意代表。	請問轄區居民需求是否為決策定案重要考量因素？若所屬政黨議員需求，會否影響決策定案？設若家族有人為選區民意代表，決策定案會否受影響？
民意趨向	決策定案是否以民意為標準。	請問決策定案是否都以輿論或民意為主要考量？您覺得民意應扮演決策者的何種角色？哪種民意才是您考量的民意？（如市府研考會民調、媒體民調）
服從的標準	決策時會否受上級長官或民意代表建議影響。	請問決策時會否遇上級長官、機關或民意代表有意見情形？決策時會否受上級長官、機關判斷或民意代表建議的影響？在決策時若接受建議，您覺得對方案推動的完整性屬正面亦或負面影響？
決策規則	決策過程會考慮嘗試失敗吸取經驗、援引先例或依個案判斷等方式進行。	請問您決策方式？例如採取「嘗試失敗吸取經驗」、「援引先例」或依「個案判斷」等方式。哪種方式在您的決策模式嘗試最多？前人決策的方案您會否持續執行，或重新決策？

資料來源：本研究整理

第二節　管網改善決策標準與可能因素分析

經由前述的研究構面及訪談提綱設計，本節將 Andderson 的六個決策標準作為前述第四章管網決策歷程的分析探討理論基礎，另經設計之訪談提綱，深入訪談並整理，亦同時就管網決策歷程做一檢視，以下即以其決策標準與可能因素分析之。

壹、影響決策的六種標準探討

依序從決策價值觀、政黨歸屬、選區利益、民意趨向、服從的標準及決策規則等探討。

一、決策價值觀

經整理訪談資料，分別以「強化機關組織生存面」、「專業領域、個人價值觀暨組織生存面」、「強化機關組織生存面暨政策觀點」及「不同專業領域的切入」等四個面向探討如下：

（一）強化機關組織生存面

首長決策有部分來自於幕僚建議，1998 年向中央爭取補助管網改善，始於北水處幕僚作業提供意見。由於產權歸屬用戶，給水外管線汰換應由用戶自費[1]；然若直接決策推動，民眾的配合度將導致方案執行的難度，北水處改採向中央爭取補助方式，不但解決前述的難度問題，亦強化機關組織生存面…

> 由於時間久了些，詳細情形記不清楚，只知道當時是由業務幕僚作業，提供意見，自來水給水外線產權屬用戶，年久需汰換，理論上用戶需自費，但執行有困難，因此爭取中央補助，這項補

---

1 配水管至水表間的給水管俗稱外線，為當年用戶付費委由水廠代為施工。參見臺北自來水事業處官網汰換鉛管專區。臺北自來水事業處官網，取自：http://www.water.gov.taipei/ct.asp?xItem=130672990&CtNode=77964&mp=114001. 2016.4.15 檢索。

助方案對北水處營運來說很重要。(D1)

（二）專業領域、個人價值觀暨組織生存面

中央針對前述補助同意列入行政院擴大內需方案，補助經費連同北水處自籌經費，由下任決策者推動。由於不同決策者在專業領域、個人價值觀等不同考量下，將該筆管線汰換預算用於管線汰換以外，而做更多樣化的運用，對機關組織生存面仍有其貢獻…

行政院擴大內需方案雖然是針對管線汰換，但不代表其他事務不能用這筆經費，例如我對當時漏水率有質疑，就是因為檢測度數用的「文氏表」根本無維護，年久沒維護下是否還量測準確，於是需要評估和檢測，以了解其準確度。另外將以往使用的豎軸式抽水機改為沉水式，降低噪音，更換有中央監控功能的淨水設施以及辦公室電腦、網路的自動化等設施，這些都能夠提升工作效能，也是在管線汰換業務以外，也必須要兼顧到的。(D2)

（三）強化機關組織生存面暨政策觀點

北水處自 2003 年起提出的系列「管網改善計畫」，在決策標準上有其專業的考量，事實上汰換管線為解決管線漏水的治本工作，[2]然而對水處的營運衝擊，在於汰換管線使成本增加，對水處營運短期言反而形成負擔，就長期發展及解決漏水緩和原水需求的公共利益而言，對水處組織生存及政策面均有貢獻，北水處管網改善計畫推動經費均為自籌，為免過於增加營運成本，亦採取其他輔助方式…

> 2003 年之前除了行政院擴大內需方案外，管網汰換在北水處當時是想到就做，零星而無系統，並無有計畫地做，我在 2003 年提出有系統的管網改善計畫，有系統汰換管線和以往是不同的，有系統汰換會增加營運成本，以水處立場言，在無立即缺水危機下不會列為第一優先，但是我仍然去推動，主要是注意到漏水率的問題要解決，還是要以汰換方式處理大家已經重視的管線漏水問題。（D3）
>
> 2003 年推動管網改善計畫時，剛好是我供水科長任內，這項計畫屬於基礎建設，埋在地面下看不到，決策前有思考營運成本問題，當時為自籌經費，無市府補助，於是我們減少其他支出，包括用人費用，大概在推動後的第四、五年就發現這項計畫的成效，所以計畫的推動是成功的。（D5）

[2] 臺北自來水事業處，「管線汰換為改善漏水之治本工作，針對供水轄區內檢修頻率偏高、管線材質差、管齡較久議漏水之管線進行全面汰換…」，臺北自來水事業處 2012 年鑑，頁 19。2013。

（四）不同專業領域的切入

北水處業務看似單純，但符合專業不代表立即對組織有利，前述管網改善計畫的提出即為一例，長期雖有益，短期卻看不到成效；[3]北水處看似單純的業務，決策者若非從水處或水利基層做起，難免在尋求業務了解的切入點不同…

> 別人怎麼看不知道，但是水處業務主要是提供民眾自來水，是項既專業又單純的業務，我擔任處本部科長及工程總隊長的多年歷練，我很自信對業務的了解，四年處長任內的決策也都符合專業，與水處組織生存發展並不衝突。（D4）
>
> 別人認為我的專長領域與自來水不同，但其實北水處的專業，也是屬於我的土木專業領域內，我剛到水處連續三個月要水處各部門簡報藉以了解業務，三個月後始有決策，我很自傲對水處的業務經由三個月的簡報能深入了解。（D2）

---

[3] 2003-2006 辦理「供水管網改善中程計畫」，由於是自行籌措經費 25.2 億元，短期該處經營狀況自受影響，而依該處核發經營績效獎金實施要點，北水處在編列年度預算時，應衡酌經營狀況、預算盈餘及用人費負擔情形核算估計，編列經營績效獎金預算，經營狀況亦直接影響員工績效獎金。焦點新聞，「臺北市政府所屬臺北自來水事業處核發經營績效獎金實施要點」。臺北自來水事處網站，取自 https://www.water.gov.taipei/News.aspx?n=D68F8002AA8566B7&sms=72544237BBE4C5F6. 2017.2.3 檢索。

二、政黨歸屬

北水處雖屬自來水事業，一切亦以營運目標為主，但處長比照政務人員隨市長同進退；[4]尤其隨著市長四年選舉成敗決定去留，其政黨屬性仍較該處副處長以下人員為高。在接受訪談的幾位前、後任首長，對此問題的回答均認為在做決策時，不受政黨因素影響…

> 雖然我任處長時是第一次臺北市政黨輪替，但我在北水處決策考量點不受影響，還是秉持著專業。（D1）
>
> 政黨歸屬是不是會影響到我的決策，其實還好，我覺得最重要的還是取得大老闆-市長的支持，當下了決策後，某些因素可能會引來一些反彈，但是只要市長支持，就好做事。（D2）
>
> 可能是水處的專業屬性，所以我個人是比較不會考慮到政黨這個層面。（D3）
>
> 我算是政黨所用之人，但是在機關裡很少談政黨或政治之事，北水處業務多以民生為主，所以在決策上比較少有政黨因素。（D4）
>
> 我不會以政黨因素做為決策考量，還是以專業及

---

[4] 依地方制度法第 55 條第二項規定「…；其一級單位主管或所屬一級機關首長除主計、人事、警察及政風之主管或首長，依專屬人事管理法律任免外，其餘職務均比照簡任第十三職等，由市長任免之。副市長及職務比照簡任第十三職等之主管或首長，於市長卸任、辭職、去職或死亡時，隨同離職。」。全國法規資料庫網站，取自：https://law.moj.gov.tw/LawClass/LawAll.aspx?PCode=A0040003. 2018.6.20 檢索。

為市民服務的原則為主。（D5）

三、選區利益

以下分別以北水處長決策影響利益分配、轄區選民利益等二個面向探討：

（一）北水處長決策影響利益分配

北水處看似單純，但其業務量及影響的商家，所衍生的利益卻難以估量；尤其議員的為民喉舌為主要功能之一，而為民服務又常與利益牽扯，北水處長一個決策可能影響商家未來多年的生計，議員身處為民服務第一線，直接感受選民的渴望；若議員無法潔身自愛亦參與其中，則利益糾葛，將猶如大樹般的盤根錯節…

由於議員有權審核我們的預算，只要是議員的意見我們都會重視，當然包括同政黨議員，在我任內這種情形也常有，有些會涉及到利益問題，我自認無私，都是為了水處，所以難免會得罪他們。（D2）

在我任內會以北水處計畫方針為考量，我不會將哪個轄區居民或是轄區議員列入我的決策優先順序。（D1）

每個議員我都會一視同仁，尤其議員也是在幫民眾，不同政黨的議員都重要，不會只顧及哪個轄區居民或是議員。（D4）

以前會有議員協助廠商引進一些器材設備，現在可

> 能好一點，但市議員因為為民服務性質關係，難免會有選區利益的問題，我們還是照正常程序，畢竟我們面對的是臺北市議會所有的議員。（D5）

（二）轄區選民利益

管網計畫及鉛管汰換會否涉及到選民利益，因而使優先順序會有不同，或是家人為同區議員，決策時偏袒家人議員選區的選民，依 Anderson 看法是有可能的，我們若以本文個案情形來看，管網改善計畫及鉛管汰換並沒有產生如 Anderson 的認知情況，起碼在本個案並未發現…

> 2003 年及 2008 年分別提出的「管網改善計畫」以及子計畫的「鉛管汰換計畫」，並沒有因為我的配偶是中正萬華區選出的議員，而有獨厚該區鄉親的，相反的這次「鉛管」事件，有萬華區鄉親對我不滿，認為我任處長八年，不但讓萬華區的鉛管留存，留存長度成為臺北市各區最長的，我覺得我是專業的處理事情，並沒有因為我住在萬華區，以及我的家人為轄區議員而有偏袒…（D3）

四、民意趨向

民意趨向部分將分別以民意與利益的連結及藉民調了解民意等二個面向探討如下：

（一）民意與利益的連結

民意類型可能涵蓋不同層面，有時難以全部滿足，議員為民喉舌遵從其要求也算是尊重民意，但若議員的要求決策者認為是為既得利益者，甚而是為自己說項，決策者則有權做不同選擇，當然會面臨來自於自詡為民意的議員的非議，甚而刁難…

> 有時候民意也要看情況，議員雖代表民意，也算民意一部分，可是有些卻是既得利益者，當我未如其意時，就利用議會場合攻擊我，這點我就不一定會依其要求。（D2）

（二）藉民調了解民意

第一線服務的機構以民意時時提醒、改進，由無到有的成立客服中心是重視市民的展現，亦拉近與民眾距離，使機構執行業務順暢，也會得到市民支持。至於民調方式可自行辦理，也可委託民間機構，民調呈現的即為當時的民意，北水處自然可隨時掌握市民想法…

> 北水處會留意市民需求，基本上只要民眾有意見，北水處一定會慎重列入參考，當時臺北市政府也經由媒體及本身的機關進行民調以了解市民想法，民調的結果北水處都會做為決策參考。（D1）

> 民意我非常重視，為了解市民需求，我任內成立「客服中心」，後來到捷運公司也成立客服中心，影響所及，北市府研考會的「1999 為民服務」就是源自於我在北水處及捷運公司的客服中心構思。（D2）

我在北水處歷任二位市長，兩位市長都很重視民意，我記得北水處也有做民調，也會重視所做的民調，民調的結果都會列為爾後決策參考（D3）。

我記得任內北水處內部每年都會辦理民調，外部則委託世新大學做，調查結果會給北水處做參考。市民想什麼經由民調我們就能了解，漏水改善是市民較為關心的切身問題，也因為有民調，我們會隨時自我檢討。（D4）

以往為每兩年做一次，現在改為每年都做，我們是針對用戶服務項目做民調，以了解民眾對北水處的服務看法。（D5）

五、服從的標準

服從的標準部分將分別以決策壓力議員多於市長及特殊事件發生為議員關注點等二個面向探討如下：

（一）決策壓力議員多於市長

北市府行政機構除了面對臺北市長外，也要面對臺北市議員的監督，從北水處歷任決策者口述，市長對北水處首長並未形成政策須請示上級或上級交下的壓力；首長在決策上面臨的主要還是有監督、質詢權力的市議員…

市長尊重專業，他說各機關執行有困難才請他協助，其餘完全授權不會有意見，在市政會議上的討論，原則上也都尊重各機關的業務提案，至於

> 民意代表在我任內也有表達民意的機會，我的決策不受影響，但是有好的意見我也會納入考慮。（D1）

來自於民意代表的壓力主要還是在於預算審查，[5]至於其他利益關係，在於個別民意代表的操守及以何方式兌現選民的承諾…

> 但即使如此，我四年任內的決策，馬市長並沒有給我任何壓力，至於民意代表當然有給壓力，因為利益關係我也不好說明，若不合他們意，就藉由預算質詢修理。（D2）

民意代表不論為合理或不合理要求，都有可能發生，雙方所處立場迥異會有不同看法，決策者面臨此情境，除依原規劃推動外，可將議員要求列入，但不需要針對議員要求單獨進行；然而不斷的溝通，仍是決策者面對民意代表壓力的途徑…

> 民意代表有選票壓力，對選民的要求難免希望能達成，針對議員要求北水處部分我會看情形，提出的要求需符合法、理、情才會考慮納入規劃。（D3）
>
> 任內與民意代表的溝通都很好，我們推動的工作、要達到的目標，議員都很了解，當然議員對我們工作內容的要求我也會看合不合理，若合理

5 依據地方制度法第35條第1項第2款規定直轄市議會有議決直轄市預算之權。

> 我會修正計畫，若不合理我會持續和他們溝通。（D4）
>
> 議員由於代表民意難免會對北水處提出要求，我的處理方式不會很明顯，也就是不會單獨去處理，處理時只要議員的要求合理，會將議員的要求列入，例如提出要求的區域或事項可能是明年才會做，我提早到今年來做，類似這樣的事情多半都是這樣處理。（D5）

（二）特殊事件發生為議員關注點

特殊的事件會影響民意代表的關注，北水處在 2015 年因濁水及鉛管問題，成為民意代表關注的焦點，此時決策者對公共治理的考量即須多層顧慮，會在決策時產生壓力…

> 2015 年有兩件事使市議員關注北水處，首先為 8 月 8 日蘇迪勒颱風後的濁水事件，當時北水處正大力宣導自來水生飲的活動，這個時候發生濁水事情，議員就會對自來水生飲的推動有意見。9 月 28 日杜鵑颱風又來，北水處有了前次經驗，這次處理得較完備，議員就較少給意見。可是在 10 月中又發生鉛管事件的報導，再引起議員對北水處決策的關注，這些特別事件對北水處的經營管理都形成了很大的壓力。（D5）

六、決策規則

決策規則部分將分別以不同決策者重點不同、個人作為與集體作為的效果、決策者與執行者為相輔相成角色及解決濁水「專管」決策非創新的概念等四個面向探討如下：

（一）不同決策者重點不同

每位首長上任後為在有限時間內凸顯政績，需要與前任做法有區隔，於是決策的重點就會不同…

> 北水處有些業務是例行性，有前例可循，有些業務則需有突破性的做法，推動這種業務，我會謹慎評估，由於任期僅四年，我們會多方評估後才開始執行，要執行就必須要能成功，畢竟花費的成本都會影響到北水處的營運績效。（D1）
>
> 我上任後針對前人的連續性計畫，我會再評估重點，是不是需要延後執行，因為每個首長總有不同的工作重點。（D4）

決策者若非北水處基層出身，多半會以改革角色自許，改革做法可能與機關原有員工的工作理念、價值相衝突，其結果可能遭遇各種的反彈…

> 我是學工程的，在交通管制工程處及捷運工程處有非常多年的管理與工程經驗，由於並非北水處基層工程司上來的，我來這裡沒有包袱，講句更貼切的我來這裡就是要改革的，改革的作法就是要無私心，以前有些做法我覺得不合理或者有噪

> 音或是其他問題的，我都會改變，當然我也知道，一定有人不以為然，否則市長那裏就不會有那麼多檢舉我的信件。（D2）

計畫推動方式由大家參與，邊推動邊修正，並以辦研討會方式聽取機關內、外的不同意見…

> 我的同仁都有參與計畫，所以要推動工作時大家就一起做，推動過程中如果遇到問題就由大家集思廣益提解決方案，我們會辦很多研討會，目的就是找出更好的方式來做。（D4）

（二）個人作為與集體作為的效果

同一機構的先後不同決策者會有不同決策作為，不論為個人作為還是集體作為，最終結果仍屬個人決策結果，至於成效往往難以定論，決策者個人決策與集思廣益討論後的決策；其效果可能沒有不同，2015 年的蘇迪勒颱風即為集體作為下的個人決策…

> 我在 2014 年底上任，我都是以集體討論後再下決策，但是集思廣益也不是每次都能有效，以 2015 年 8 月的蘇迪勒颱風為例，當時淨水廠水濁度僅僅半小時就從 12,000 度飆升到 39,300 度，討論的速度還追不上濁度的瞬間飆升，這個決策該如何的下，當時確實很困擾，討論後我們採取繼續供水方式，最後的結果是民眾和輿論的反彈都很大。（D5）

（三）決策者與執行者為相輔相成角色

計畫的提出是否能推動成功除了決策者的周詳考量，也要有執行者的積極執行，管網改善計畫自 2003 年起成為北水處第一個自行籌措經費的計畫，管網汰換雖非創新業務，但卻是第一個有系統，具備管控考核的業務，效果如何、成功與否都需後續的推動始見真章，決策者與執行者均呈現不等壓力⋯

> 我在 2003 年推動管網改善以及 2008 年的子計畫鉛管汰換，可以說是看出了前述計畫的重要性，當時如果不做，日後出問題引起社會關注後再做就太慢了，第一次的四年計畫提出時，可能因為計畫是有規模的，感覺同仁有些壓力，也心存觀望，但到我 2006 年確定連任時，對我提出的管網改善計畫以及後面的鉛管汰換計畫，同仁積極度相較於之前就明顯不同了。（D3）
>
> 2003 年前更新管線只是例行業務，由於並不強調解決漏水問題，也就沒有系統計畫去做，2003 年提出的管網改善計畫就較有系統，經過幾年的推動，成效已看到，推動起來也比較順暢。（D4）

（四）解決濁水「專管」決策非創新的概念

因應 2015 年蘇迪勒颱風後濁水問題，北水處決策者提出的「專管」連接翡翠水庫原水的規劃，其構想該處於 2006 年，即已討論。

2006 年當時北水處就有提出「專管」接翡翠水庫原水以解決遇颱風或大雨後的水濁問題，當時的想法即認為除了可多一條原水來源，碰到水濁時也可取水。至於為何沒有後續動作推動，原因在於以前的水濁度沒那麼高，淨水場有能力處理。後來發生了 2015 年的蘇迪勒颱風，造成水濁度飆升，淨水設施竟無法處理，再加上南勢溪颱風或暴雨過後的濁水延時增加，才又有推動以前即提出的專管的構想。（D5）

貳、決策可能因素

經由前述可能因素分析後，北水處決策者六種決策可能因素如下：

一、價值觀顯示差異性

管網改善為不同決策者決策時，較能顯現差異性的可能因素，多在於專業領域不同，同時伴隨個人以往經驗價值，以致在解決問題時產生不同觀點。2003 及 2006 年陸續提出的管網改善決策，則使人意識到決策者對公共利益的自主看法；決策者認為正當、必要，即使短期增加成本但長期有利情形下，仍伴隨著政策及機關組織觀點堅持而為。

二、政黨歸屬不明顯

政黨歸屬為決策者較不明顯的可能影響因素，此與政黨的政治特性較為敏感有關，加以北水處業務較為專業，決策者多不願因政黨因素影響其專業形象。

三、選區利益非必然考量因素

「選區利益」的決策因素在本案中則與理論有落差，最能對比差異的個案為 2003 年管網改善計畫（包含鉛管汰換）及 2008 年提出的鉛管汰換計畫，決策者執行計畫至 2010 年卸任止，配偶為萬華區議員身分，若如理論所言，規劃執行至今的鉛管汰換速度，萬華區即使不是全市第一，也不致落到最後，最後結果不必然如 Anderson 所認為行政官員的決策會與選區利益相關，所以如此，就在於人的心理除有面對淺層的利益想法，還會被其他深層的想法覆蓋，內心想法無法全貌透析，難用理論通案適用。

四、民意成為施政重要參考

民意為各決策者均會考量的因素，主因仍在於市長經由民選產生後，評量施政滿意度多以民意為先，北水處的服務面涵蓋供水質與量的穩定，滿足顧客就易得到肯定，民意除為衡量施政成效的主要標準；亦為施政重要參考依據，故而民意是決策者較趨向一致的可能因素。

五、服從壓力來自於民意代表

在「服從」的決策考量因素部分，臺北市市長在尊重專業前提下，對北水處歷任決策者的影響似乎不大，臺北市議員則有顯著影響；基於選民服務的性質，使市議員關切較多，藉由質詢、預算審查更使行政官員不得不重視議員意見，歷任決策者均能感受到議員的關切。

六、決策規則

探究的歷任決策者在「決策規則」上多為個案判斷，決策方式較常出現集體討論，2015 年蘇迪勒颱風的三天濁水事件，即因濁水濁度飆高是否停水，經由北水處集體討論後之決策。惟在 2003 年提出之管網改善決策部分較傾向於決策者自發性思維，而非幕僚建議，在五位決策者中較為特殊。

經由前述分析，1995 年至 2018 年北水處決策者可能影響因素作一比較如表 7-3。

表 7-3　1995-2018 北水處決策者可能影響因素比較

因素 決策者	價值觀	政黨歸屬	選區利益	民意趨向	服從	決策規則
D1	傾向強化機關組織生存面	雖為政黨用人，但決策未明確顯現	家族無成員為轄區議員。 未獨厚選區同黨議員。	民意會做參考	市長部分尊重專業授權處理。議員部分好的意見會參考。	依個案判斷
D2	傾向所學領域、個人價值、機關組織生存面	雖為政黨用人，但決策未明確顯現	家族無成員為轄區議員。 未獨厚選區同黨議員。	成立客服中心，民眾有需求一定解決。	市長部份是支持。議員部分則要求無法全面顧及，結果受到攻擊。	依個案判斷
D3	傾向強化機關	雖為政黨用	管網改善及鉛	市長重視民	市長部分尊重	依個案判斷

	組織生存面暨政策觀點	人，但決策未明確顯現	管汰換計畫決策者，未厚議員身分的配偶選區利益。	意，北水處亦會參考民意。	專業。議員部分則需符法理情始納入規劃。	
D4	傾向強化機關組織生存面	雖為政黨用人，但決策未明確顯現	家族無成員為轄區議員。未獨厚選區同黨議員。	內部及市府都會做民調參考	市長部份不會特別指示。議員則要求合理會修正計畫。	援引先例、依個案判斷、重大議題集體作成，決策主體仍為個人
D5	傾向強化機關組織生存面	雖為政黨用人，但決策未明確顯現	家族無成員為轄區議員。未獨厚選區同黨議員。	以往每兩年做民調，現在起每年都做，主要針對用戶服務。	市長部份不會有意見但不容許第二次錯誤。議員部分若要求合理會整體考量。	集體決策、援引先例、依個案判斷

資料來源：本研究整理。

第三節　管網改善決策模式理論檢視

經由前述管網改善決策析述及構面之剖析後，了解其決策影響因素，以下將再以 Charles Limdblom 對決策者解決公共問題提出的漸進決策、James Anderson 的影響決策的六個標準、Cobb 和 Elder 提出的議題發起者與觸媒(triggering devices)導致公共議題產生的概念及 C.E.Van Horn 和 D.S.Van Meter 的執行人員意向與態度等理論，分別對該管網改善決策的模式做理論上的檢驗。

壹、管網改善計畫決策為不斷修正之漸進決策模式

茲以過去決策的調整及 Lindblom 漸進決策模式的顯現分別檢驗，包括：

一、過去決策的調整

北水處管網改善於 1998 年向中央爭取預算列入行政院擴大內需方案內，之前的管網汰換則列入「年度有經費時就執行」的不固定方式處理，並未列入該處優先處理考量；亦即僅屬於北水處的非例行業務，故而 2003 年提出之計畫雖為第一次有系統、且有專屬預算支應的管網改善計畫，仍屬於過去管線例行性汰換決策的調整，即如 Dunleavy & O’Leary 主張包括漸進主義主張所有的政策都是過去政策的調整，以漸進方式的政策方案及漸進主義可以具體展現在國家預算之中。

二、Lindblom 漸進決策模式的顯現

北水處 2003 年提出的管網改善計畫決策，經由執行後不斷的修正，2006 年針對漏水改善再提出為期 20 年的「供水管網改善及管理計畫」。不但如此，2008 年提出的子計畫「鉛管汰換」經費亦涵蓋在原供水管網改善計畫內而不另籌經費，就是原有決策的修正，就如 Lindblom 表示的決策者一直在重新

的界定所面對的問題，不斷的修正決策，而非一次決策即能定案。會有此情形即如其所述決策者受限於全知理性（limited intellectual capacities）的規劃，無法一次到位，故經由執行後不斷修正。

貳、個人決策標準

管網改善決策除了顯示出漸進決策特性外，亦顯示出個人決策標準，以下即分別以價值觀對決策者影響、政黨歸屬的影響、決策與選區利益、民意的標準、服從的標準及個案方式進行決策判斷等六項檢驗分析：

一、價值觀對決策者影響

分以有利於機關組織、政策價值觀及專業價值觀等三方面檢驗。

（一）向中央爭取補助利於機關組織

北水處於 1998 年向中央爭取補助汰換管線預算，最後於同年由行政院核定補助總經費的一半，納入行政院擴大內需方案執行，減少北水處營運成本，決策考量以機關組織價值觀層面比例較多，最後雖因次（1999）年發生 921 地震，行政院終止補助，致政策方案無法完全執行，但想藉助中央資源分散風險的決策，顯示強化機關組織生存的積極面。

（二）管網改善決策的政策價值觀

Anderson 的價值觀包括有機關組織價值觀和政策的價值觀，此兩項決策價值觀不必然衝突，對 2003 年的管網改善計畫決策言，對北水處效益長期有益，誠如 Anderson 所認為機關組織為生存必需強化、擴充計畫，並維護其特權的價值觀，以機關組織立場言是理所當然的。但短期難顯現，營運帳面卻須負擔管線成本，地面下的管線漏水並未使消費戶端的用水量及水表度數增加，亦即消費者不需支付漏水費用，在消費者無感下仍做出此決策，決策者公共利益的政策價值觀考量即不容抹滅，誠如 Anderson 認為決策者有時也會依其對公共利益看法，判斷何者為正當必要及道德上正確的政策以作決定。

（三）專業價值觀的不同決策

北水處決策者於 1999-2002 年期間，花了不少心血重新評估與檢測可顯示漏水率的「文氏表」，當時爭取的擴大內需方案亦正執行，決策者由於專業領域與北水處工程司出身的決策者不同，而有重點置於文氏表的準確度評估、檢測及管線汰換的差別，在各領域由於不同的專業訓練，而顯示出獨特的價值觀，不論是進入行政機關或立法機關，其決策即常受該等價值觀影響，此即可以解釋同樣解決漏水問題卻非專注於管線汰換的原因。

二、政黨歸屬的影響

北水處前、後任五位決策者在受訪過程中，對決策時是否受政黨歸屬影響部分，均一致認為並未受其影響，可能與北水處業務特性有關，其供水範圍涵蓋大臺北地區，決策者只要讓民眾感覺供水正常，甚而有潔淨的自來水，營運即屬正常。然北水處長究屬政治任命的政務官性質，隨市長更迭而同進退，仍有可能如 Anderson 所言，政治任命的行政官員可兌現選舉時政黨對選民的承諾，因而在忠於政黨的政治主張及政策方向前提下，影響著選民的政策投票行為；也由於政策議題本身仍是影響力大小的主因，致北水處決策者雖感覺不受政黨歸屬影響，但其決策卻可能影響所屬政黨下次選舉的選票流向。

三、決策與選區利益

依 Anderson 看法，行政官員雖非民選，亦常以選區利益作為政策制定參考，尤以具政治任命之人員多以前述為考量，至於民意代表將選區利益列為優先主張，則因選區的選民對其民意代表職務有最後決定之權。2003 年管網改善決策時，決策者住居萬華多年，當時配偶亦為臺北市中正、萬華區選出之市議員，決策者與配偶均與萬華區有深厚淵源，以其提出之管網改善決策，及 2006 年續提出的 20 年長程計畫，甚而 2008 年針對鉛管的汰換決策執行成果觀之，臺北市各區汰換管線長度，並未獨厚萬華選區，Anderson 的行政官員為選區利益做政策制定無法適用於所有個案。

四、民意與選票

無論行政官員或民意代表，民意均為重要的決策標準；尤其是重大的廣泛性的政策走向，民意的看法常成為決策重要參考，Anderson 認為其重要性就在於與選票息息相關，使多數決策者必須以民意為依歸。臺北市自市長民選後，歷任北水處的決策者可謂愈來愈重視民意，除了媒體的民調，臺北市政府研考會甚而北水處本身均不定時進行民意調查，其重要性就在於民意常與選票息息相關，即使北水處決策者自信不受任何非專業因素影響，然而民意卻會直接影響市長任內施政成效，使北水處決策者仍須考量民意的重要性。

五、服從的標準

Anderson 認為決策者會服從或順從其他人對政策方案的判斷而做決定，而依其看法，決策者除受上級長官影響外，也會受民意代表影響而順從其建議。臺北市議員除民意的代表性因素，更有預算審查權限，有可能成為決策者服從或順從對象之一，北水處決策者較一致看法為：只要民意代表建議是正面有意義的即有可能參考接受。其次，Anderson 所謂的上級長官，於此處較有可能影響北水處決策者的主要為市長，然而副市長、秘書長甚而市政會議，都是另一個可能使決策者服從或順從的上級長官或機制。

六、個案方式進行決策判斷

Anderson 認為決策者多半以案件本身（per case），即個案方式進行判斷，最後做出政策方案。本案管網改善已有例行性管線汰換業務在前，並非無人指導獨自鑽研下的創新業務，不屬於嘗試探索的摸索法，亦不需以試誤法方式嘗試以失敗經驗來換取成功；但本案管網改善決策畢竟為該處首次有系統、有計畫的管線更新決定，致亦非援引先例可比擬。本案決策前以管網改善案件本身預算、效益及執行方式等進行評估、判斷，決策規則屬於個案方式。

參、議題觸動樞紐對管網改善決策的影響

Cobb 和 Elder 認為決策者即是公共議題發起者（initiators），由於議題發起者與觸媒（triggering devices）二者交互作用結果，導致公共議題的產生。本案議題發起者亦為決策者，包含：1988 年爭取納入行政院擴大內需方案的北水處決策者、2003 年、2006 年分別提出 4 年及 20 年管網改善計畫及 2008 年提出鉛管汰換計畫的決策者，其中 2003-2008 年期間為同一決策者。

問題的觸動樞紐，包含國內、外各種偶發事件：國內偶發事件包含疑似鉛水管中毒、乾旱缺水等事件；至於國外偶發事件則為世界各國鉛管水質標準提高等，使國內輸水管線老舊問題漸成為公共議題，在觸動樞紐發生後與議題發起者相互作用下順勢推動管網改善決策的制定。

肆、執行人員意向與態度影響決策成效

Sabatier 和 Mazmanian 提出執行人員為重要資源以及有效的政策執行條件之一，當決策者將執行的責任賦予執行者時，執行者須抱持對政策目標熱衷並支持的觀點。管網改善計畫於 2003 年第一次提出時，北水處執行人員可能受限於壓力；亦或對此方案不以為然，以致心存觀望，但到 2006 年原決策者連任，不論執行人員對管網改善計畫的執行，甚或 2008 年提出之鉛管汰換計畫，執行人員配合的積極度相較於之前均有區別。以該決策者兩任的管網汰換公里數長度比較，第二任期執行數確實較前為優，執行人員的重要性已顯現，誠如 Sabatier

和 Mazmanian 認為，執行人員的重要性在於執行人員實際執行每一事項時會考慮其個別需要及權衡輕重，以做各種調適。且經前四年的執行管網改善計畫，北水處執行人員對方案標準的認知與瞭解，多已影響到其執行政策的能力或誠意。

第八章　地方創生因素檢視

馬祖地區的建設現況，經由前述第五章歷程的執行探討後，本章將進行後續的訪談設計及地方創生的可能因素檢視，由於訪談內容將做為本研究文獻之外的重要分析基礎，故篩選受訪人員及受訪內容擬定，成為分析的重要前置作業，以下將分別就訪談篩選與提綱的設計及創生治理因素分析等二部分，將馬祖地方建設執行暨創生可能影響因素作一分析。

第一節　訪談篩選與提綱設計

馬祖地區由於位處臺灣離島，距離較遠，訪談對象又均屬政府機關主管人員，邀談不易，多人並為機關首長，訪談時間更難以主控，為有效進行，事先的訪談篩選及提綱設計就益顯重要，以下分就訪談篩選與抽樣途徑、決策構面及訪談提綱設計等二部分探討說明。

壹、訪談篩選與抽樣途徑

馬祖地區離島建設基金建設執行訪談部分，訪談對象主要為連江縣接受離島建設基金補助的局處首長、副首長或主管及主辦人員等，依安排時間、地點舉行訪談及座談，訪談及座談時間分以 2018 年 4 月 27 日、5 月 30 日及 5 月 31 日等三梯次進行，訪談機關包括：民政、教育、消防、行政、環資、衛福、產發、交旅、地政及文化等局處。其中民政處、教育處的副首長職稱並非「副處長」而稱之「專員」，屬全國特例，特此一併敘明。訪談受訪對象不呈現姓名，前述訪談對象如表 8-1。

表 8-1 連江縣訪談對象

編號	服務單位	職稱
C1	民政處	處長
C1-1	民政處	專員（副首長）
C2	教育處	專員（副首長）
C2-1	教育處	主辦
C3	消防局	科長
C3-1	消防局	主辦
C4	行政處	主辦
C4-1	行政處	主辦
C5	環資局	科長
C6	衛福局	科長
C7	產發處	主辦
C8	交旅局	局長
C8-1	交旅局	副局長
C8-2	交旅局	秘書
C9	地政局	局長
C9-1	地政局	主辦
C10	文化局	科長
C10-1	文化局	主辦

資料來源：本研究整理。

本研究案例的訪談樣本篩選，採取判斷抽樣（Judgmental Sampling），判斷抽樣又稱「立意抽樣」，是根據抽樣人主觀經驗，從總體樣本中選擇那些被判斷為最能代表總體的單位，做樣本的抽樣方法。其中使用的訪談法為半結構性訪談(Semi-structural Interviews)，藉由訪談及座談，以半結構性訪談了解馬祖地區地方建設計畫執行情形，以及分析其模式、可能因素。

貳、決策構面及訪談提綱設計

本研究構面部分以行政院推動的地方創生「產業發展」、「整合人力」及「提升在地文化」等三項價值核心為主，此核心價值亦與連江縣長未來打造馬祖地區特色產業的「島嶼創生」規劃相符合，再依研究構面定義，列出本項議題研究的訪談提綱，如下：

一、構面及定義

（一）產業發展：可促使馬祖地區在地產業發展，並符合馬祖的未來島嶼創生規劃。

（二）整合人力：可有效整合在地與旅外優質人力，注入創意設計能量，以建構在地永續經營發展的團隊。

（三）提升在地文化：透過改善城鄉地區之文化藝術，提升在地文化及文化特色。

二、訪談提綱設計

（一）產業發展

1.請問貴局（處）第四期離島綜合建設基金補助計畫執行情形？

2.請問貴局（處）第四期離島綜合建設基金補助計劃執行有無困難的地方？

3.請問貴局（處）建設計劃未來的發展方向？

（二）整合人力

1.請問馬祖對整合人力運用的現況？

2.馬祖推動之建設課題是否符合整合人力發展需求？

3.現有資源不足的主、客觀環境下，期望人力整合如何改進？

（三）提升在地文化

1.馬祖值得推動的文化產業？

2.現有離島建設基金補助是否可達成提升地方文化的預期目標？

3.現有建設項目對提升地方文化的不足處？

前述研究構面及訪談提綱設計如表 8-2

表 8-2 決策構面及訪談提綱設計

未來規劃	構面	定義	訪談提綱
島嶼創生：打造馬祖地區的特色產業。	產業發展	可促使馬祖在地產業發展，並符合馬祖的未來島嶼創生規劃。	1. 請問貴局（處）第四期離島綜合建設基金補助計畫執行情形？ 2. 請問貴局（處）第四期離島綜合建設基金補助計劃執行有無困難的地方？ 3. 請問貴局（處）建設計劃未來

			的發展方向？
	整合人力	可有效整合在地與旅外優質人力，注入創意設計能量，以建構在地永續經營發展的團隊。	請問馬祖對整合人力運用的現況？ 馬祖推動之建設課題是否符合整合人力發展需求？ 現有資源不足的主、客觀環境下，期望人力整合如何改進？
	提升在地文化	透過改善城鄉地區之文化藝術，提升在地文化及文化特色。	馬祖值得推動的文化產業？ 現有離建基金補助是否可達成提升地方文化的預期目標？ 現有建設項目對提升地方文化的不足處？

資料來源：本研究整理。

第二節　地方創生治理之因素分析

連江縣 2017-2018 年的 77 項計畫案執行情形觀之，計畫執行績效仍有 14.94%的落後，落後固有其困境，即使其他執行完成的計畫，亦同時面臨相同困境，經前述績效分析及相關人員深度訪談後，以下就提升地方文化、促進產業發展及整合在地與旅外優質人力等地方創生的價值核心三個面向，分析計畫推動的可能因素如下：

壹、提升地方文化部分

馬祖地區在執行前述各類型建設計畫後，有關提升地方文化部分，包括：傳統建物經費補助使用不夠彈性、業務量龐大影響執行進度等二項因素影響執行，分析如下：

一、傳統建物經費補助使用不夠彈性

主要顯示於「連江縣傳統建築暨聚落風貌補助計畫」，經費補助使用不夠彈性，馬祖傳統建築的維修補助，目前僅針對外觀補助，至於聚落式修繕補助則較低，經費運用不夠彈性，維修補助規範較嚴，不但傳統建築整理的整體效果受限，也不符民眾實際生活需求，若更有彈性，將更能彰顯其效益⋯

> 目前補助主要針對傳統閩東式建築外觀的木架構及石頭外牆，內部則有限制，例如建築內部的廁所須有 RC（鋼筋混凝土建築）或磁磚部分，才不會受潮，但是補助卻是很低，針對補助經費運用上，希望能在傳統建築補助的使用能更彈性。（C10）

二、業務量龐大影響執行進度

連江縣離島建設計畫在推動上，常因業務量大，執行進度受限，以「文化資產保存活化及再利用計畫」為例，該項計畫屬於提升地方文化類型，主要內容包含子計畫、系列活動及講習實作等，因業務量大，在現有人力不足下，計畫無法於期程內完成，目前文資科負責該項業務主要為承辦人員二人，要以增加編制方式增加人員，或以專案方式臨增人員，公務機關有其經費及額度控管限制的難度，而馬祖的資源環境亦難吸引人員⋯

> 這項計畫為 2015-2018 的四年期中程計畫，每年都會提報一次年度計畫，目前承辦這項計畫案的

有二位承辦人，這項計畫案包括有 16 項子計畫，涵蓋了工程、活動及研究調查等類，業務量很大，加上每個承辦人，手上都會有 5-10 個案子，即使找臨時的專案人員，由於計畫需一定的學、經歷條件的人員，本地青年較少符合，多需自臺灣尋找，可是離島條件吸引不住人才，無法填補所需人力，若以增加編制方式來增加人手，以現在政府控管人員增加的情形及馬祖偏遠地區未被重視來看，增加的可能性極低。（C10-1）

貳、促進產業發展部分

離島建設基金補助計畫項目，以地方創生的價值核心分類，多屬產業發展類型，其可能面臨問題因素包括：離島建設基金不足、規範未能考慮離島情況、計畫核定緩慢、計畫經費分配落差及馬祖資源不足等均屬於通案因素，惟「馬祖列島燕鷗保護區棲地監管計畫」的燕鷗遷徙部分須配合季節，則屬於個案因素，分別分析如下：

一、離島建設基金不夠問題

行政院的離島建設基金總額為新台幣 300 億元，使用地區依 2015 年 6 月修正的離島建設條例，包括：澎湖、金門、馬祖、綠島、蘭嶼及琉球地區，迄今僅餘 50 億元，因應未來離島綜合建設實施方案所需，未來離島建設基金極可能面臨短缺的窘境，部分計畫已實施四期，將因經費不足而中斷，影響離島發展的持續性…

> 離島建設基金應維持300億元，目前情形是一面未填補維持，一面卻又動用離島建設基金，基金遲早會用光，以交旅局直升機緊急的需求來看，該項業務應該是成長，所以單是交通就大幅成長，但中央編列預算卻未問我們意見，就將所有預算都轉到離島建設基金上，目前僅剩約60億元（實僅50億），這是所有用到離島基金的單位都會面臨的問題，要解決這個問題就要從法源上來修訂。（C8）

二、現有規範未能考慮離島情況

離島環境與臺灣本島不同，就以殯葬建設為例，馬祖推動海葬的依循規範是全國各縣市一體適用的「殯葬管理條例」，並無針對當地特殊環境另訂規範，其中海葬部分，馬祖地理條件的特殊，若依該條例執行，有實際困難，現有法規已無法適用…

> 離島建設基金補助項目在硬體建設方面有些限制，例如殯葬設施，中央針對土葬部分不補助，但是馬祖地區卻是土葬居多，連江縣的自有財源只有10%，90%靠中央，中央限制過於細膩，不利於離島建設需要，希望放寬相關規定，使離島能因地制宜的將資源做最有效使用。（C1-1）
>
> 再以殯葬條例的海葬為例，條例規定各港口防波堤最外端向外延伸六千公尺半徑扇區以內之海域不得劃入實施區域，但是以馬祖來說，港口最

外面六千公尺扇形，已至對岸，海域已不足，再排除軍方靶區航道，海域更顯不足，實際執行有困難。再舉例，公墓內的道路面積不得低於 6 公尺以下，馬祖墓園根本達不到要求。殯葬管理條例規定成立專區，以樹葬、花園葬等環保葬為主，綠化面積也加在內，但馬祖地方小，又是坡地，實際有困難。（C1-1）

三、計畫經費核定落差問題

行政院針對各地方政府陳報的建設計畫，依離島建設條例規定，由中央做最後的審定，中央面對的離島包括：澎湖、金門、馬祖、綠島、蘭嶼及琉球等地區，各離島財政狀況、發展環境等均有所差異，加以計畫核定時程等，均將影響執行效果…

（一）核定緩慢影響執行期程

離島建設計畫我們在三月底前報行政院，各部會進行初審，我們會在工作小組會上修改，我們有建議中央計畫核定要快，但是中央還是依他的期程，目前看起來還是在八月才能看到核定的計畫，其實以國發會核定後各機關就可以進行編列預算，因為行政院也只是做備查，所以建議國發會核定後，各機關就可先進行編列預算。

資訊部分為了編列概算，中央在核定部分同樣需要盡快。（C4）

離島建設方案第四期碰到個問題，就是在第一年有發生經費很晚才由中央核定，使須僱的工作人員無法僱用，目前中央主管機關環保署與海委會有關經費核列呈現一個狀態，主要是計畫核定太慢，須盡快定案才能方便後續業務進行，所以希望中央能早些將計畫定案。（C5）

核定經費仍然很慢，像是現在已是5月底了，我們也照計畫做了，但是經費還沒進來，又不能先行墊付，對計畫的執行上是有些困擾。（C9）

（二）經費分配問題

各縣市財政狀況不同，即使同為離島，以縣政府所在地的南竿與北竿、東引、東西莒及其他離島情況都有差別，行政院目前分配經費，似未考慮各縣市存在的財政差異。未來分配應以各縣市現有財政狀況作為劃分考量，較為合適。中央也許有他的考量，現階段連同蘭嶼、綠島、琉球都有分配。（C1）

（三）經費核定與原申請的落差

連江縣政府陳報的計畫經費需求，核定的結果多半與原申請落差極大，只要原有計畫不變，中央經費核定少，其不足數，就需由連江縣府補助，或是去頭去尾的將計畫打折。以致於經費核定下來，與計畫爭取的有落差，大概只能有 70%，未必按核定計畫，由於原有規劃有其目的功能，

中央打折方式核定，所需求的經費就需地方編列，增加縣府的負擔。（C8）

四、經費使用不夠彈性

離島建設基金計畫為四年一期，雖然每年會再做檢討，但大方向確定，年度變化不大，主要在於馬祖地區周遭環境的變化，常於編列預算初始所無法預料，由於計畫無法跟上變化，若經費使用不具彈性，計畫執行效果即受影響…

> 在研提計畫時，需求單位經費的使用空間希望能大些，由於屬中程計畫性質，一個計劃定案就是四年，但由於馬祖周遭環境在轉變，且變動很大，需要徹底執行時，則須將計畫也跟者應變，但目前是受限於預算無法跟著環境彈性運用，使計畫內的預算在執行上無法更為彈性有效。（C7）
>
> 經費較不彈性，臨時其他需求無法勻支，希能多些彈性，某計畫項目有剩餘時可用在其他項目。（C9）
>
> 針對補助經費運用上，希望能在傳統建築補助的使用上能更彈性。經費核定也希望能提前，執行上始能順暢。（C10）

五、馬祖資源不足問題

馬祖由各離島組合，若未考慮四鄉五島的離島現狀，中央資源即使投入亦可能分散各島無法解決問題，由於當地民間廠商、專業人員等資源，明顯不足，地理位置離臺灣又遠，各項專業資源難以投入…

> 離島建設基金雖能解決一般性的問題，但因為馬祖有多個島，同樣經費用在馬祖，資源就無法集中，使得各離島仍會有資源不足情形，但是中央並未將此現象視為嚴重情形，我是希望建設基金補助也能重視此現象，確確實實解決離島偏鄉資源的需求。（C6）
>
> 發包部分有些已看到的問題，首先是離島廠商數量不多，承包了其他工程就沒辦法再承包縣府的，以致要拜託他們，使得廠商會提高價錢，發包成本無法下降。（C2）
>
> 執行時是有實務上的困難，在調查環境評估所需的專業人員，來馬祖的意願不高，會因馬祖本身條件使專業人員難尋，至於發包過程也會有廠商少，競爭性低，使得發包過程會有找不到廠商的窘境，而且成本也較臺灣本島為高，這種現象大概全馬祖機關都會遇到。（C7）

六、配合季節因素

主要在於馬祖特有的燕鷗生態，生態賞鷗已列為馬祖列島觀光的看點，賞鷗行程從南竿福澳港或北竿白沙港出發，沿途行經北竿進嶼、鐵尖及中島等燕鷗保護區，種類則有紅燕鷗、蒼燕鷗、大鳳頭燕鷗、白眉燕鷗，甚至有機會看到已列為瀕臨絕種的保育類動物-神話之鳥：黑嘴端鳳頭燕鷗， 爭取不少愛鷗及其他觀光人潮，與觀光產業息息相關的馬祖列島燕鷗保護區棲地監管計畫，屬於 2015-2017 年的三年計畫，由於燕鷗現蹤的季節性因素，致本計畫執行未能順利於三年內完成，屬於保留的計畫，本文研究時該案已執行完成。

> 燕鷗保護區棲地監管計畫案，對馬祖列島的觀光極為重要，這個計畫的執行，須調查燕鷗生態，而燕鷗每年八、九月才來，會有季節性的問題，所以調查的期程有時難以主控，這個計劃的進行，可以說極受燕鷗隨著季節遷移的作息影響。（C7）

參、在地與旅外優質人力

在地與旅外優質人力的整合為地方創生的第三個核心價值，連江縣的離島建設基金補助計畫，配合核心價值的建設類型執行現況分析，藉以瞭解此部分困境，以下將以醫療專業人力、人才培育及重複性的人員培訓等分別分析如下：

一、缺乏誘因的醫療專業人力

馬祖地區有四鄉五島，並無私人開業醫院或診所，醫療資源困窘，目前僅南竿有醫院設置，其他四島僅依賴衛生所提供醫療服務，醫療資源有限，加以長者居民居多，長者居民亦無定期健康檢查的習慣， 使當地離島醫療環境欠佳。由於各離島醫療各有其他專業別的需求，包括：檢驗師、心理師等，要有專業醫師人力派駐各地，連江縣規劃「強化醫療服務功能及提昇醫療服務品質計畫」對馬祖醫療雖有正面功能，然而以離島資源現況，缺乏專業人才投入誘因下，尚需政府更多關注…

> 馬祖地區有四鄉五島，並無私人開業醫院或診所，醫療資源困窘，目前僅南竿有醫院設置，其他四島僅依賴衛生所提供醫療服務，醫療資源有限，加以長者居民居多，長者居民亦無定期健康檢查的習慣，[1]使當地離島醫療環境欠佳。由於各離島醫療各有其他專業別的需求，包括：檢驗師、心理師等，要有專業醫師人力派駐各地，連江縣規劃「強化醫療服務功能及提昇醫療服務品質計畫」對馬祖醫療雖有正面功能，然而以離島資源現況，缺乏專業人才投入誘因下，尚需政府更多關注。

二、不利於人才培育的主、客觀環境

主要顯示於文化建設部門的「從故鄉到他鄉－美學推廣暨交流計畫」，該計畫效益為傳承閩東文化，培育在地藝術人才，然而該計畫的推動，常受限兩岸氛圍，而天候不穩亦為飛機不定期停飛因素，此二種受限於主、客觀因素，無法順利邀到對岸或臺灣本島的交流人員，使得交流計畫推動受阻，也使得馬祖地區推動類似計畫案，常有此瓶頸現象。而「文化資產保存活化及再利用計畫」執行中，亦顯示人才不願來馬祖的問題…

> 馬祖的文化交流受到影響，主要還是在兩岸交流問題，其中「從故鄉到他鄉－美學推廣暨交流計畫」可

1 劉增應，歡迎來到忘齡之島，忘齡之島，天下文化，頁 10。2018.5.25。

> 看出，受制於大環境影響，無法順利邀到對岸交流人員，使文化交流中斷，另一部分則因天候因素影響交通，馬祖班機常受到天候影響，班機取消則活動就會受阻，我們的計劃常會邀請臺灣的文化界人士來馬祖，皆因天候因素，以至於計畫無法順利完成，對馬祖地區藝術人才的培育計畫影響很大。（C10-1）
> …由於「文化資產保存活化及再利用計畫」需一定學經歷條件，本地青年較少符合，多需自臺灣尋找，可是離島條件吸引不住人才，無法填補所需人力…（C10-1）

三、重複性的急救人員培訓

消防局辦理的義勇消防人員救災技能人才培育訓練，每月進行一次，2017 年接續完成人命救護、進階潛水訓練。惟每年計畫是否順利進行，極受天候因素影響。另外，年年舉辦，同批人參加，效果未能擴大…

> 消防局在離島建設基金補助項目為義勇消防人員救災技能人才培育訓練計畫一案，這個計劃是每個月都會進行一次，在七至九月則進行潛水訓練，計畫是不是順利進行有時要看天候，例如冬天則因氣候因素就無法進行…（C3,C3-1）
> 由於本期程自 2015 年起持續在進行，義消的一般專業知識都已符合需求，年年都是同批的人參加，來上課只是複習，難免上課熱誠度及效果受到影響，建議可以適度調整規模。（C3,C3-1）

第九章　結論

經由前述水庫治理、管網改善及馬祖地方創生的探討，可發現在水庫治理部分，翡翠、石門及曾文等三座水庫，由於功能不同、隸屬政府層級不同、治理經費的差異等，使其治理方向殊異。而位於翡翠水庫下游的大臺北地區的管線改善計畫，由於大幅改善了漏水問題，與上游的水庫治理相輔相成、相得益彰，前述二項議題均為有關水資源的治理，具影響著地方發展。馬祖的地方建設，則以營造特色為主，各項計畫包含了「地、產、人」等屬於「地方創生」概念的價值核心，已對連江縣未來「島嶼特色的營造」願景推動奠下基礎，但在各項計畫執行上，影響執行績效的主、客觀因素仍然存在，要順利帶動馬祖地區的觀光產業，就不能忽視這些影響因素。前述水庫治理、公共決策管網改善及馬祖地方創生等議題，經本研究後，分別提出以下發現及建議。

第一節　研究發現

首先提出一般性的治理應具創生的概念，次就水庫治理、管網改善及馬祖地區地方創生等各研究議題，分別提出研究發現。

壹、應具創生的概念

前述水庫治理的國內三座主要水庫、大臺北地區自來水的輸送管線及馬祖建設等，雖屬三項不同議題，但卻都面臨老舊創生的相同問題，國內三座水庫竣工完成至今均超過 32 年，最長甚而超過 55 年，均達一定的使用時間，面臨的預算數字及治理技術等管理成本，均涉及到水庫未來的永續發展，即所探討的治理創生的概念。管線改善部分則須與時間賽跑，尤其埋於地下承受地震風險，隨著時間愈長，維修成本耗時耗力，面臨的管理成本就愈大，亦須以創生的概念為之。馬祖位處臺灣離島，自有財源無法自足，中央補助亦難滿足建設需求，各項建設相對本島其他縣市，面臨建設的邊緣化，三者看似不同的議題，主事者卻都須有治理創生的概念。

貳、水庫治理部分

研究發現：單一功能水庫治理條件較優、不同機構共同治理水庫的優劣互見、廣納治理意見的優勢及治理經費影響成效等，提出如下：

一、單一功能治理條件較優

翡翠水庫在水土保持及水源維護等跨域治理面，與中央層級管理的石門及曾文等水庫不同，由於為單一用水目標，屬於單一功能水庫，管制區並未開放，石門與曾文則為多目標水庫，亦屬於多功能水庫，加以集水區因觀光功能早已開墾，增加治理風險，使翡翠水庫在治理條件占有優勢。

二、不同機構共同治理水庫的優劣互見

翡翠水庫管理機構為翡管局，集水區尚有一主管機構水源局，分別隸屬臺北市政府與經濟部水利署，二機構同時對翡翠水庫集水區推動水土保持及聯合稽查事宜；亦同時肩負防止水庫淤積及水源汙染之責任，此為石門及曾文等二水庫所不及者。惟集水區另設特定機構管理，分屬中央與地方二個層級，亦成為全國水庫管理的首例，二機構雖各自行事，但彼此協調無法避免，若遇水庫集水區或水域重大事件，更需透過密集溝通始能圓滿處理，二機構由於隸屬不同，過於本位都可能影響彼此的合作關係。

三、廣納治理意見的優勢

跨域治理在水土保持的公民參與部分，石門與曾文由於同屬於經濟部水利署，作法相同，較為開放地納入周遭居民及在地的公民團體意見，相較之下翡翠水庫囿於其他考量，趨於謹慎，並未將周遭住居民眾或在地的公民團體等意見納入，仍屬於較保守的政府治理方式。

四、治理經費影響成效

在治理經費上，石門及曾文因艾利與莫拉克颱風侵襲受創，均採特別條例方式編列大筆治理經費。這在屬於地方政府位階管理的翡翠水庫，面臨受創嚴重的風災時，有難忘其項背之感慨。

參、管網改善部分

分六個研究發現面向如下：

一、管網改善計畫為漸進決策模式

北水處於 2003 年的管網改善中程決策，雖為首次有系統的管線汰換計畫，但由於為以往例行性管線汰換業務的修正，仍屬漸進決策模式。至於 2006 年提出的 20 年長程計畫則為前述決策計畫的持續，2008 年提出的「鉛管汰換計畫」因納入前述管網改善計畫中執行，屬於前述計畫的一部份，與前述計劃的決策作為均屬漸進決策模式。

二、自負盈虧兼具社會責任影響規劃

北水處的經營屬自負盈虧模式，每年須向議會報告營運狀況，但因兼顧社會責任，水價二十餘年並未調整，北水處即在水價未合理化的經營中運作，要求各決策者都以大開大闔視野規劃管網改善，徒增北水處的營運成本，決策者自是瞻前顧後。目前水價雖已於 2016 年 3 月 1 日調整，但未來十年該處預計仍需投入超逾 300 億元執行供水管線等設備、備援備載長期建設、淨水效能提升等計畫，水價的調整幅度在無法充分反映水價的合理化下，恐仍無法落實推動前述計畫作為。

三、管網改善漸需注入新思維

管網改善自 2003 年提出中程計畫後開始執行，至今已 16 年，2006 年提出的 20 年長程計畫至今也已經過十三年，仍需考慮管線在至少歷經 10 年時間的後續變化，包括外在的地震、施工影響及內在的管線材質耐受度等因素。若 20 年長程

計畫執行完畢，離 2003 年有計畫的推動又經過 23 年，管線在前述外在及內在因素影響下，原已汰換部分仍會變質，而須面臨再度汰換，繼任決策者必須思考新的決策作為。

四、管網改善計畫的執行取決新決策者態度

北水處自管網改善計畫提出後，歷經二位不同決策者，新的決策者對該計畫仍有執行與否的決策權力，然而該計畫並未被新決策者否決或是被其他決策取代，代表繼任者認同此項決策，使好的治理決策未因決策者更迭而受影響。

五、影響決策者的專業經歷

不同決策者的決策模式最大不同，仍在於受價值觀影響。此種價值觀除個人所有的一套價值標準外，主要仍與專業領域及不同機關歷練有關，故而任用不同專業歷練的決策者，可將新觀念注入，讓機關煥然一新。至於中央補助之管線更新經費，未用到管線更新上，管線更新效果自然打折扣，但從不同角度看，部分經費用於辦公室自動化及其他設備上，對北水處辦公室環境提升、效率增加仍有助益；惟其成效亦會受到單位執行者不認同的制肘，以致凸顯專業領域不到位的窘境。

六、鉛管問題決策者仍須面對回應

自來水鉛水管問題存在全球，國內媒體每隔段時間即有相關報導，行政官員汰換鉛管時間較之國外實不為晚，大臺北地區 2003 年起即由北水處推動年年更換，北水處亦主動及被動多次回應媒體，在難以掌控媒體如何報導下，市民最終了解程度仍淺，以此觀之效果似未彰顯。北水處雖宣稱鉛水管線已完

全解決，然而鉛管圖資系統無法保證與實際情況相符情形下，臺北市民恐仍會抱持疑問，實務情形觀之，若認定臺北市內鉛管已完全處理完成，恐仍有風險。大臺北鉛管問題仍會受到輿論關注，屆時機關決策者或其他人事多已更迭下，若未抓到回應重點，將難令臺北市民了解前人已解決的問題。

肆、馬祖地區地方創生部分

馬祖地區離島建設基金補助計畫的地方創生部分，研究發現馬祖地區受限主客觀因素，以致專業人才難覓、兩岸政治環境、天候因素及離島建設基金補助等四個層面問題如下：

一、專業人才難覓

專業人才不足問題，在連江縣多項計畫中浮現，例如，調查環境評估所需的專業人員來馬祖的服務意願不高，除可能是馬祖本身條件使專業人員卻步，另外連江縣政府編制太小、職等太低，亦為因素。此外，離島資源不足情形，亦降低了醫療專業人員來馬祖的誘因，即便是文化部門以計畫需要專案招考人員，恐也面臨無法來馬祖的窘境。攸關馬祖基礎設施興建的廠商，由於數量少，使發包過程競爭性低，甚而有找不到廠商的窘境，因而建設成本較臺灣本島為高。

二、兩岸政治環境

馬祖列島建設計劃有關兩岸人才、文化等的交流，要順暢進行，主要還須置基於兩岸政治環境。目前兩岸官方交流幾近停滯，連江縣推動的計畫有與大陸交流內容部分，就受制於大環境影響，由於兩岸政策自 2016 年起至今日益趨緊，政府間交流持續面臨停擺，致無法順利邀到與計畫有關的對岸交流人員，使計畫未能順利執行。

三、天候因素

連江縣各項計畫執行，面臨另一影響因素，則為天候問題，無論計畫內容是與大陸交流或是臺灣本島的交流活動，甚而本地即可辦理的計畫，都面臨天候影響，以致無法控制結案時間，影響計畫效果。就以馬祖與大陸交通為例，雙方以海運為主，目前包括：馬祖北竿到福州黃岐及馬祖南竿到福州平潭兩條海線，遇颱風自須停航，即使無颱風的平日，只要風浪起伏過大就有停開的風險，影響建設計畫的執行。

四、離島建設基金補助問題

此部分又可分為離島建設基金維持適當規模、經費規劃與核定落差、經費核定時間及經費使用空間等四點內容如下：

（一）離島建設基金維持適當規模

離島建設基金依離島建設條例規模應為 300 億元，目前僅剩 60 餘億元。由於政府一方面未維持 300 億元規模，一方面卻續動用離島建設基金而未適當補充，該筆基金遲早會用罄。這是所有用到離島建設基金的單位都面臨的相同問題。

（二）經費規劃與核定落差

經費核定的額度與原計畫爭取的額度落差極大，僅及原申請的 70%。由於中央未必按原申請單位的計畫核定，而原有規劃又有其目的功能，若依原規劃推動，所需求的經費就需地方編列，自然增加連江縣及其他地方單位的負擔。

（三）經費核定時間問題

離島建設基金補助計畫前後四期，皆遇核定時間過慢的問題，已開始執行該期第一年計畫，卻發生經費很晚才由中央核定，以致需僱的工作人員無法僱用，主要呈現在中央主管機關的環保署與海委會等二機關，為免影響計畫的執行，有關經費核列須盡快定案，才能方便後續業務進行。

（四）經費使用空間

由於屬中程計畫性質，一定案就是四年，但鑑於馬祖周遭環境在轉變，且變動很大，需要徹底執行時則須將計畫也跟者應變，但目前受限於預算無法跟著環境彈性運用，致使計畫內的預算，在執行上無法更為彈性有效執行，若配合適度調整經費的使用空間，預算執行將更能徹底。

第二節　研究建議

經由前述水庫治理、管網改善及馬祖地區的地方創生等歷程探討發現，提出以下建議：

壹、水庫治理建議

有以下三點：

一、集水區的適度管制

颱風侵襲仍為水庫治理的一大變數；即使翡翠水庫先天條件較佳，亦無法承擔颱風的肆虐。自運轉至今，翡翠、石門及曾文三座國內蓄水量最大水庫均面臨風災的重創，使當年水庫淤積暴增，致水土保持整體治理成效大幅減損。研究中發現一個現象，翡翠水庫雖於 1996、1998 及 2001 年受風災重創，但最嚴重淤積量僅約 350 萬立方公尺，與石門、曾文風災受創的最嚴重淤積量 2,800 及 9,100 萬立方公尺分，分別差了 8 倍及 26 倍；其關鍵點即在集水區的開放程度有別。此為集水區治理須關注之癥結，亦是水庫能永續經營的契機，石門與曾文水庫集水區雖無法回頭重新嚴格管制，但似可考慮「適度」管制，否則大筆預算形同浪擲，遇大風災仍可能使集水區產生大面積崩塌的憾事。

二、集水區治理與下游供水的統合思考

將負責翡翠水庫集水區管理的「臺北水源特定區管理局」、水庫的管理機構「臺北翡翠水庫管理局」及下游供水的「臺北自來水事業處」等三機構統合為單一機構，且將層級隸屬於中央政府，除了統一事權，亦可解決翡翠水庫日益增加的維護經費問題。

三、建立機制納入公民意見

翡翠水庫聯合稽查以政府治理為主，包括：中央層級的水源局及地方層級的臺北市及新北市政府，而石門水庫則納入地方民眾及公民團體，並成立中隊執行，曾文水庫則與檢查及治安單位合作執行，與翡翠水庫同屬於政府治理模式。就聯合稽查面觀之，石門水庫不但納入政府以外團體意見，並直接納入取締汙染的行動，結合民間執行最為澈底，曾文水庫亦比照辦理，翡翠水庫雖屬管制區，但周遭仍與居民及休憩點相鄰，尤應建立機制將在地民眾及公民團體意見納入為宜。

貳、公共決策管網改善建議

經前述管網改善決策研究發現，提出鉅視及微視等二部分觀點共六點建議如下：

一、鉅視觀點部分

分五個層面建議如下：

（一）北市府或中央應補助經費

北水處在輿論仍無法接受水價合理化下，恐仍需負擔兼顧社會責任的使命，為讓北水處營運正常又能規劃管網改善的長期做法，則北市府應編列公務預算協助該處。大臺北供水範圍廣泛，若管網計畫涉及經濟部所屬的台灣自來水公司的營運轄區，中央即應考慮補助北水處經費。

（二）宏觀規劃下個管網改善計畫

大臺北地區管網應長期列入汰換計畫，不因前面汰換計畫結束而終止，而處地震帶的大臺北地區，在原有管線汰換歷經多年後仍有可能產生裂縫甚而破損的風險，管線漏水情形即可能隨時間拉長而增加，後繼決策者須宏觀有系統規劃下個中程或長程之管線汰換計畫。

（三）首長應適才適所

人才如何發揮與其「位置」極其相關，直轄市府一級機關首長多為政務官職位，政務官雖為政治任命性質，隨市長卸任，但若非管理領域，任命亦不應與任職機關所需的專業經驗相距過遠，若人才錯置，決策者再努力，耗費再多時間亦難深入了解機關業務，導致決策觀點不同引發機關內同仁不滿，檢舉函滿天飛，重創機關形象亦影響業務推動，加以北水處前後決策者重要決策差異極大，亦易形成市長連任，決策卻相違的弔詭現象，故而市長任命政務首長應留意適才適所。

（四）決策者應有政策持續觀念

依臺北市長民選後的市長任期經驗，市長任期多為八年，而經同一市長任命的同機關首長少則一位，多則二位，經市長任命的決策者應持續執行相同市長前一任期內之決策，否則新的決策者為凸顯與前不同，重新制定決策，使好的決策無法持續，甚而相違情形，不但民眾不解，民意代表或媒體亦會有浪費公帑的質疑，新的決策者不因人廢事而應有政策持續的觀念。

（五）市長對重要議題仍應關注

歷任市長因尊重專業或擔心不夠專業，不願對局處干涉太多，連帶使市長對重要議題多以尊重局處而無其他看法，反形成市議員越俎代庖的成為局處意見主要提供者，雖說局處首長仍可決定是否採用，但卻也增加直接面對議員的壓力，對市政推動及兌現政見而言，終究無實質助益，難以正面功能觀之。故而，市長對較易引起市民關注的民生議題，例如北水處管網改善情形仍應定時關注，以小型會報方式了解該處面臨的問題，如何解決、困難之處等，不論親自躬親或指派副市長代替，只有關注局處重要業務，始能協助局處解決問題。

二、微視觀點部分

分二部分建議如下：

（一）藉由會議或舉辦研習溝通想法

決策者需要執行者配合才能順暢推動業務，北水處員工多，決策者與執行者間藉由會議或舉辦研習等類似方式，為達成溝通效果較快的做法，決策者應將研習重點置於溝通，將決策者想法與做法提出，藉由訓練或研習場合，雙方相互交換觀念，使執行者明瞭決策者的規劃用意，決策者也可體恤執行者的不安心理，使研習發揮決策者與執行者雙向溝通的功能。

（二）落實鉛管汰換及有系統建檔

鉛管的汰換要確實，僅依賴例行性的檢修工作恐無法解決，要落實汰換工作須另訂具體的計畫執行。另重要議題包括管網改善情形、鉛管汰換等資料應有系統建檔，以因應社會不定期對議題的關注渴求。建檔時應留意資料正確性，資料數據應與北水處每年出版品資料吻合，並隨時修正補充，列入移交。

參、馬祖地方創生建議

馬祖地區的地方創生部分，分為制度面、程序面及執行面等三個建議面向如下：

一、制度面：修訂條例及制定更高位階法源

從短程及長程二個時間期程進行，短程目標，先修訂離島建設條例，包括離島建設基金不足問題，在修訂條例時即可重新規範。長程目標，應將離島建設條例的法律位階提高，例如，制定金馬澎離島基準法，賦予金馬澎包括人事、財政、產業發展等更高自治能力。初期，可由政府輔導，最後，形成經濟特區概念。使得各離島

財政狀況、發展環境等差異性能有所兼顧，可舒緩離島資源不足及人才難覓等問題。

二、程序面：國發會審核後即可執行

目前各離島政府陳送離島建設基金補助計畫，自三月底陳報，八月始由行政院核定，程序上須由行政院核定後始能執行，由於實務上審核單位國家發展委員會審核後，行政院幾乎不做修改的予以核定，建議行政院修正作業程序，只要經國發會審議通過後即可執行，以爭取執行時間。

三、執行面：重新檢討接受補助的計畫及訂出計畫替代方案

分二部分建議如下：

（一）重新檢討接受補助的計畫

針對目前離島建設基金補助的計畫應重新檢討，效果不大的計劃，可考慮不予列入。例如：消防局辦理的義勇消防人員救災技能人才培育訓練，由於重複性的培訓，年年舉辦卻均為同批人參加，效果不大，可再檢討，以將資源用於真正需求上。

（二）訂出計畫執行內容的替代方案

部分會受政治環境或天候影響的計畫，為免計畫執行進度受影響，陳報計畫時，可於計畫內容擬定替代方案，如此，當影響因素發生時即可採取備案執行。

參考書目

一、中文

李長晏

2004 全球化治理：地方政府跨區域合作分析，研考雙月刊，28（5）：55-65。

李柏諭

2010 跨域公共事務的管理邏輯：治理演化的類型分析，文官制度季刊，2（4），1-39。

林水波、張世賢合著

1990 公共政策，五南圖書出版。

吳定

2005 公共政策，空中大學出版。

紀俊臣

2006 都市及區域治理，五南圖書出版。

姚祥瑞

2016 臺灣的六都與中央權力互動參考-府際治理觀點，蘭臺出版社。

陳秀良譯

1989 政治學，成文出版社。

陳曼莉等

2011 「不穩定氣候下之穩定供水策略－以臺北地區為例」，水利土木科技資訊季刊，52 期，頁 2-3。

劉增應

2018 歡迎來到忘齡之島，忘齡之島，台北：天下文化。2018.5.25。

臺北翡翠水庫管理局

2001 翡翠水庫 89 年刊。台北：臺北翡翠水庫管理局。

2009 翡翠水庫 97 年刊。台北：臺北翡翠水庫管理局。

2016 翡翠水庫 104 年刊。台北：臺北翡翠水庫管理局。

2017 翡翠水庫 105 年刊。台北：臺北翡翠水庫管理局。

2014 防淤減淤有成　翡翠水庫不老－去年淤積量減至33.2萬立方公尺 再用百年以上沒問題，新聞稿，2014.3.3。

1988 翡翠水庫興建大事記彙編，1988.5。未出版。

臺北市議會

2006 議會書面工作報告。臺北市議會公報，74（8）。

2011 議會書面工作報告。臺北市議會公報，87（2）。

1999 第八屆一次定期大會財政建設部門工作報告會議紀錄，1999 年 3 月 23 日，臺北市議會公報，59（17），頁 4465。

2015 第 12 屆第 02 次定期大會，市政總質詢第五組，速紀錄，頁 27-32。2015.11.5。

2018 第 12 屆第 08 次定期大會　臺北自來水事業處工作報告，頁 6-7。2018.6.28。

臺北自來水事業處

2010 99 年臺北自來水事業處統計年報，臺北自來水事業處出版。

2010 臺北自來水事業處工作報告，臺北市議會第 10 屆第 8 次定期大會，頁 10-11，2010 年 7 月。

2008「臺北自來水事業處鉛管汰換執行計畫」，2008 年 5 月，頁 19。

2016 北水處 105 年 1 月施政成果。

臺北水源特定區管理局

2005-2009 經濟部水利署臺北水源特定區管理局 93-97 年度工作年報。出版：臺北水源特定區管理局。

2016 臺北水源特定區管理局 104 年工作年報。台北：臺北水源特定區管理局。

2013 護水 30 周年紀念專刊。台北：臺北水源特定區管理局。

經濟部水利署北區水資源局

2011 北區水資源局 99 年度年報。台北：北區水資源局。

2012 北區水資源局 100 年度年報。台北：北區水資源局。

臺灣省曾文水庫管理局

1996 臺灣省曾文水庫管理局 84 年局誌。台南：曾文水庫管理局。

1993 曾文水庫竣工二十周年紀念專輯。台南：曾文水庫管理局。

經濟部水利署南區水資源局

2013 曾文水庫 40 周年紀念專刊，台南：南區水資源局。

國家發展委員會

2016 離島地區永續發展與創新亮點。台北：國家發展委員會。2016.4.21。

連江縣政府

2011，連江縣第三期（100-103 年）離島綜合建設實施方案報告書。馬祖離島發展與定位。2011.1.13。

2018，連江縣離島建設基金補助計畫 2017 第四季執行檢討。2018.1.16。

2018，連江縣政府 2018 年離島綜合建設實施方案推動執行成效檢討計畫案期初報告。2018.6.30。

連江縣政府 107 年離島綜合建設實施方案推動執行成效檢討計畫案期末報告，2018.11。

2018「溝通兩岸、教育領航，讓馬祖被世界看見」，潮向馬祖，台北：連江縣政府。2018.6。

二、英文

Anderson,James E.,

2011 Public Policy-Making：An Introduction. 7th ed（N. Y.：Houghton Mifflin Company）

Bellamy,C

2011 The Whitehall Programme and After: ResearchingGovernment in Time of Governance. Public Administration 89(1): 78-92. Grimshaw, D., S. Vincent, & H.

Cobb, R. W. & Elder, C. D.,

1983 Participating in American politics: The Dynamics of Agenda-building. (2nd ed.). Baltimore: The Johns Hopkins University Press

Dunleavy, Patrick &O"Leary, Brendan

1987 Theories of the State: The Politics of Liberal Democracy.London:MacMillan Education.

Grindle, M. S

2004 Good Enough Governance: Poverty Reduction and Reformin Developing Countries. Governance: An International Journal of Policy,Administration, and Institutions 17(4): 525-548.

Heath, R. L.

1997 Strategic issues management: Organizations and public policy challenges. London, UK: Sage.

Willmott

2002 Going Privately: Partnership and Outsourcing in UK Public Services. Public Administration, 80(3): 475-502.

Key V.O

1961 Public Opinion in American Democracy,New York：Knopf.

Lindblom, Charles E.

1959 “The Science of Muddling Through.” Public Administration Review, Vol. 19, No. 2 (Spring 1959): 79-88.

1965 The Intelligence of Democracy（N.Y.：The Free Press）

1979 ‘Still Muddling,Not Yet Through’ Public Administration Review,Vol.40,no.6（Nev./Dec.1979）,pp517-526.

Nigro.F.A

1966 Modern Public Administration（N.Y.：Harper＆Row,1966）

Rourke, F. E.

1976 Bureaucracy, Politics and Public Policy, (2nd ed). Boston:

Little, Brown and Company.

Rosenau, James N & Ernst-Otto Czempiel

1992 Governance Without Government: Order and Change in World

Politics, New York: Cambridge University Press.

Sabatier .P & Mazmanian.D

1979 'The Conditions of Effective Implementation：A Guide to Accomplishing Policy Objective' ,Policy Analysis,V.5No.4 (Fall 1979)

Van Meter, D. S & Van Horn, Carl E

1975 " The Policy Implementation Process：A Conceptual Framework" Administration Society, Vol 6, No.4：445-488.

國家圖書館出版品預行編目資料

水庫與地方創生治理研究/ 姚祥瑞　著
-- 2019 年 6 月　初版. －
臺北市：蘭臺出版社 -
ISBN：978-986-5633-78-3 (平裝)
1.水資源管理　2.臺灣

554.61　　108006525

台灣社會文化研究叢書 1

水庫與地方創生治理研究

著　　者：姚祥瑞
執行編輯：陳嬿竹、張加君
執行美編：陳嬿竹
封面設計：陳勁宏
出 版 者：蘭臺出版社
發　　行：蘭臺出版社
地　　址：台北市中正區重慶南路 1 段 121 號 8 樓之 14
電　　話：(02)2331-1675 或(02)2331-1691
傳　　真：(02)2382-6225
E—MAIL：books5w@gmail.com 或 books5w@yahoo.com.tw
網路書店：http://5w.com.tw/、https://www.pcstore.com.tw/yesbooks/
博客來網路書店、博客思網路書店
三民書局、金石堂書店
經　　銷：聯合發行股份有限公司
電　　話：(02) 2917-8022　　傳 真：(02) 2915-7212
劃撥戶名：蘭臺出版社　帳號：18995335
香港代理：香港聯合零售有限公司
地　　址：香港新界大蒲汀麗路 36 號中華商務印刷大樓
C&C Building, 36,Ting, Lai, Road, Tai,Po, New,Territories
電　　話：(852)2150-2100　　傳真：(852)2356-0735
經　　銷：廈門外圖集團有限公司
地　　址：廈門市湖里區悅華路8號4樓
電　　話：(592)2230177　　傳 真：(592)5365089
出版日期：2019 年 6 月　初版
定　　價：新臺幣 320 元整

ISBN　978-986-5633-78-3